MEMOIRE

CURIEUX,

HISTORIQUE

ET

INTERESSANT;

Sur la Fondation, le Patronage, & le droit de Nomination à la Cure de l'Eglise Paroissiale de Sainte Marguerite, au Faubourg S. Antoine de Paris, prouvée par Titres originaux & Pieces justificatives.

M. DCC. XXXVIII.

AVERTISSEMENT AU LECTEUR.

Si quelqu'un trouve ce Mémoire trop étendu, nous le prions de considerer, que dans la vûë de rendre notre travail plus utile au Public, & plus interessant pour les Lecteurs, nous ne nous sommes pas bornés simplement à ce qui peut concerner la matiere du procès, actuellement pendant entre S. A. S. Madame de Bourbon, Abbesse de S. Antoine, & en cette qualité Dame en partie du Faubourg de ce nom, & Monseigneur l'Archevêque de Paris, pour la collation de la Cure de Sainte Marguerite, Paroisse dudit Faubourg ; mais que nous avons étendu nos recherches, non-seulement sur les divers changemens & Fondations faites à cette Eglise, mais encore sur toutes celles qui se trouvent être aujourd'hui de sa dépendance, que nous fixons & établissons les limites de cette Paroisse, &c. Nous avons d'autant plus sujet d'esperer que notre travail sera bien reçû du Public, qu'en l'état où il paroît il peut être non-seulement utile aux Juges qui ont à prononcer sur les droits des deux Illustres Contendans, mais encore à ceux qui dans la suite auront à traiter de cette portion de l'Histoire Ecclesiastique & Civile de la Ville de Paris ; d'autant plus que nous n'avançons rien dans le présent Mémoire qui ne soit prouvé par des Titres & des Actes très-autentiques, que nous n'avons pû recouvrer qu'avec beaucoup de peine & de dépense. Si ceux qui ont travaillé avant nous sur de semblables sujets, avoient été aussi scrupuleux que nous, ils auroient épargné une infinité de recherches, & même de bévuës, à ceux qui ont travaillé après eux.

MEMOIRE

CURIEUX, HISTORIQUE,
& interessant : sur la Fondation, le
Patronage, & le droit de Nomination
à la Cure de l'Eglise Paroissiale de
Sainte Marguerite, au Faubourg
Saint Antoine de Paris.

POUR donner une idée claire &
précise de ce qui partage aujour-
d'huy les esprits au sujet de l'Eglise de Sainte Marguerite au Faubourg Saint-Antoine, érigée en Paroisse
pour ce Faubourg, le premier Decembre
1712, nous avons crû devoir reprendre
les choses dès l'origine de l'Eglise Paroissiale de Saint Paul de Paris, comme ayant
donné l'être à celle dont nous venons de
parler.

La Paroisse de Saint Paul est redeva-
ble de son établissement à la pieté de Saint
Eloy. Il étoit de Cadillac en Limousin,
Orfévre & Monnetaire de sa Profession,

dans laquelle il excelloit ; il vint à Paris vers l'an 620. Il y fut reçû par Bolbon Intendant des Finances du Roy, qui le retint pour travailler à la monnoye & autres ouvrages : Bolbon après avoir vû des preuves de son habileté, ne fit point de difficulté de le produire au Roy Clotaire, qui l'employa avec succès dans les ouvrages les plus délicats de l'orfévrerie ; le Roy le retint à sa Cour, par l'estime qu'il faisoit de sa probité autant que de son habileté ; de sorte qu'il s'attira la consideration des Grands. Clotaire étant mort, l'affection qu'il avoit porté à S. Eloy, passa avec sa couronne à son fils Dagobert, qui le fit non-seulement continuer l'orfévrerie, mais l'estima & l'honora de sa confiance & de sa familiarité, jusqu'au point de quitter souvent la compagnie des Prélats & des plus grands Seigneurs de sa Cour, pour s'enfermer avec lui, & le consulter sur la conduite de sa vie & de son Royaume.

Outre les terres de Solignac que le Roy Dagobert avoit deja donné à S. Eloy, il lui fit encore présent d'une grande Maison devant le Palais, en l'Isle de Paris, que S. Eloy convertit en Abbaye, qu'il fonda l'an 632, en l'honneur de S. Martial, Apôtre de Limoges, dans laquelle Abbaye il mit 300 Religieuses, sous la conduite de sainte Aure, & leur donna d'amples revenus :

le circuit où étoit cette Abbaye s'appelle encore aujourd'huy la ceinture de S. Eloy ; elle contenoit toute la rue de la Calandre , depuis la rue aux Féves , qui eſt devant la porte S. Germain le vieil , juſqu'à la rue de la Barillerie , de la vieille Draperie , & de ſainte Croix de la Cité.

Lorſque S. Eloy fonda l'Abbaye de S. Martial , ce n'étoit pas encore l'uſage d'enterrer les corps morts dans les Villes , c'eſt pourquoi il fit bâtir dans une campagne hors de Paris, une Egliſe & Cimetiere qu'il fit dedier ſous l'invocation de S. Paul, pour ſervir de ſépulture aux Religieuſes de S. Martial.

S. Eloy n'eût pas ſitôt fait ces Fondations , qu'il fut envoyé par le Roy Dagobert en Ambaſſade vers le Comte Judicail frere de S. Joſſe, qui s'étoit mis la Couronne ſur la tête , avec la qualité de Roy de Bretagne après la mort de ſon pere ; enſuite S. Eloy fut fait Conſeiller du Conſeil de Regence ſous Clovis II. Il fut ſacré Evêque de Noyon à Roüen le 21 May 640 , & mourut le premier Decembre l'an 659 . Dès qu'il fut reconnu Saint , l'Abbaye de S. Martial , qu'il avoit fondé ceſſa d'être appellée S. Martial , & fut depuis ce tems appellée S. Eloy , du nom de ſon Fondateur , & donnée à l'Egliſe de Paris en 871 par Charles le Chauve.

A iij

En 1107. les Religieufes de cette Abbaye furent chaffées de cette Ville , pour
leur incontinence , par le Pape Pafcal II.
& Galo Evêque de Paris , autorifé d'une
Chartre de Philippes I. les envoya dans
les Abbayes de Montmartre , Chelles & S.
Antoine des Champs ; l'Abbaye de S.
Eloÿ fut donnée à celle de S. Maur-lès-
Foffés , qui la poffederent jufqu'en 1134.
que Thibault qui en étoit l'Abbé la remit à
Étienne Evêque de Paris ; ce dernier la gar-
da jufqu'en 1144. qu'il la donna fous le titre
de Prieuré , à Anfelin Abbé de S. Maur-
lès-Foffés , qui y mit douze Religieux ,
avec un Prieur ; les chofes refterent en cet
état jufqu'en 1530 , qu'il plût à Jean du
Bellay , Evêque de Paris , de les en expul-
fer , & introduire à leur place des Prêtres
Séculiers , à qui ce lieu fut auffi ôté , &
donné en 1631 aux Peres Barnabites,
Clercs Reguliers de la Congregation de S.
Paul , par M. Jean-François de Gondy ,
premier Archevêque de Paris , * à condition de rétablir ce lieu qui étoit prefque

* Paris fut erigé en Archevêché fous le Regne
de Louis XIII. par une Bulle de Gregoire XV. du
13 Novembre 1622, qui donna pour Suffragans
aux Archevêques de Paris, les Evêques de Char-
tres , Meaux , Orléans & Blois , & fut erigé en
Duché-Pairie de France , en Avril 1674, fous le
titre de S. Cloud.

tombé en ruine, ce qu'ils ont exécuté &
achevé en 1703 ; ils ne poſſedent rien de
cette Abbaye que la petite place qu'ils y
occupent : du chœur de l'Egliſe de ces Religieuſes on a fait l'Egliſe Paroiſſiale de S.
Martial, qui n'exiſte plus, & à la place
où étoit la nef, celle de S. Eloy des Barnabites, qui ont le droit de nommer à la
Cure de Paſſi-lès-Paris

Pour revenir à l'Egliſe & Cimetiere de
S. Paul * des Champs, nous dirons que
les Prieurs de S. Eloy, entierement pro-
prietaires & Seigneurs des lieux qui l'en-
vironnoient, avoient une Ferme à côté
de l'Egliſe, dont le Fermier faiſoit valoir
leurs Terres, qui ſe nommoient la Culture
de S. Eloy; la Maiſon de celui qui les faiſoit
valoir eſt encore proche l'Egliſe S. Paul,
& a retenu, juſqu'à ce jour, le nom de la
grange S. Eloy : dans les 12, 13 & 14e
ſiécles, les Prieurs de S. Eloy vendirent &
donnerent à cens & rentes preſque toutes

* En 1553, le fameux François Rabelais, de
Chinon en Touraine, fut enterré dans ce Cimetiere. Il avoit été Cordelier, Benedictin, Mede-
cin, Chanoine de S. Maur-lès-Foſſés, & Curé
de Meudon. Il fut bouffon toute ſa vie & mourut
en raillant, & laiſſa un papier cacheté, où ces mots
étoient écrits :

Je dois beaucoup,
Je n'ai rien vaillant,
Je donne le reſte aux pauvres.

ces Terres, à condition d'y bâtir des Maisons, ce qui fut executé entre l'Eglise de S. Paul-des-Champs, & le lieu où est à présent l'Arsenal, lesquelles Maisons furent ensuite achetées par le Roy Charles V. qui les fit abattre pour y faire construire un Palais qui fut nommé Palais Royal de Saint Paul, relevant également du Prieuré de Saint Eloy. Enfin Henry II. vendit ce Palais à divers Particuliers, pour en faire des rues, & pour y bâtir des maisons, moyennant les lods & ventes & autres droits Seigneuriaux, que les Commissaires députés à ce sujet lui réserverent, nonobstant les réclamations du Prieur de Saint Eloy, contre lesquelles M. le Procureur Général s'inscrivit. Cette Contestation est encore indécise, quoiqu'ayent pû faire les Evêques & Archevêques de Paris, à qui ce Prieuré appartient, lesquels n'en sont plus Seigneurs que d'une petite partie.

Le terrein de l'Eglise de S. Paul-des-Champs, qui s'étendoit depuis le petit S. Antoine d'un côté, jusqu'à la riviere de l'autre, se peuplant de jour en jour de Marchands, d'Artisans, & de Laboureurs, selon qu'ils y trouvoient leur avantage, il s'y forma un Bourg, qui fut nommé S. Eloy, du nom du Fondateur de l'Eglise de S. Paul-des-Champs, & on

tient que cette Eglise fut érigée en Paroiffe
ver la fin de l'an 1200, ou au commencement de l'an 1300. On lui affigna entr'autres chofes les Dixmes à prendre fur les
marais & clôture de fainte Opportune :
De-là vient que le Chapitre de fainte Opportune doit au Curé de S. Paul 12 liv. 10
fols de rente , & que cette Cure joüit
d'une portion congruë de vingt-cinq fep-
tiers de grains , & de deux cens gerbes de
pailles dans le Faubourg Saint - Antoine ,
que lui paye tous les ans le Fermier du
Prieuré de Saint Eloy. La grange où il
gardoit cette portion congruë , eft maintenant couverte de deux maifons auprès
du Monaftere de l'*Ave-Maria* ; le Curé
les tient de ces Religieufes, pour le droit
d'indemnité de leur Convent.

Environ l'an 1367 ou 1374, Charles
V. ayant entrepris d'agrandir la Ville de
Paris , ordonna que les Fauxbourgs fuffent
fermez de gros murs , de portes & de foffés.
(Aubriot, Prévôt de Paris , en eut la conduite & fit bâtir la Baftille) & déclara en
même tems que les Habitans de cette nouvelle clôture joüiroient des mêmes privileges & franchifes que tous les autres Bourgeois de la Ville : cette clôture commençoit
à la riviere où eft la pointe de l'Arfenal , &
continuoit où font de préfent les Portes
S. Antoine , S. Louis, S. Martin & S. De-

nis ; c'eſt ce qui paſſe pour la quatriéme
enceinte de Paris, elle ne fut achevée qu'en
1383., ſous le regne de Charles VI. par
cette nouvelle entrepriſe, l'Egliſe paroiſſiale
de S. Paul-des-Champs ſe trouva enfin
renfermée dans Paris, & elle fut rebâtie &
agrandie ſous le regne de Charles VII. &
dediée en 1431, ſous la même invocation
de S. Paul, par Jacques du Châtelier Evêque de Paris.

Le Palais de S. Paul ayant été démoli,
comme nous l'avons dit, il étoit encore
reſté celui des Tournelles, qui n'étoit ſepa-
ré de celui-ci, que par la rue S. Antoine;
Charles IX. ordonna en 1566, qu'il fût
vendu pour y bâtir des maiſons, & faire
des ruës; quoique la choſe ne fut executée
qu'à demi, l'Egliſe de S. Paul * ceſſa
dès-lors d'être la paroiſſe de nos Rois.

* Jean Nicot, mort le 10 May 1600, fut enterré dans cette Egliſe, où ſe voit ſon Epitaphe;
il étoit Me. des Requêtes & fut Ambaſſadeur en
Portugal, d'où il rapporta en 1559, la premiere
plante de Petun (Tabac) qui a paru en France;
il en fit préſent à la Reine Marie de Médicis, par
qui cette plante fut nommée Nicotianne, du nom
de celui qui l'a apportée, & l'herbe à la Reine,
à cauſe que cette Reine la mit en telle réputation
dans le Royaume, que le Tabac s'eſt rendu utile
juſqu'au point qu'il ſemble que tout le monde
s'en ſoit rendu eſclave : enfin l'uſage du Tabac
eſt devenu ſi commun, que cela a donné lieu
d'établir une Ferme qui produit des ſommes con-
ſidérables au Roy.

Les Evêques, enfuite les Archevêques de Paris, comme Doyens de S. Maur-lès-Foffés, & Prieuré de S. Eloy, ont toujours nommé à la Cure de l'Eglife S. Paul.

Le Faubourg S. Antoine tire fon origine & fon nom de la celebre Abbaye des Dames Religieufes de S. Antoine-des-Champs, qui le donne auffi à la grande rue de ce Faubourg, le long de laquelle elle eft fituée : ce Faubourg avec fes dépendances a toujours relevé & été de la Paroiffe de S. Paul jufques au premier Décembre 1712. que l'Eglife de fainte Marguerite fut érigée en Cure. Pour donner une idée jufte du territoire qui le compofe, nous dirons que le Faubourg S. Antoine réunit aujourd'huy dans l'étendue de fon territoire plufieurs lieux qui étoient autrefois autant de Villages & Hameaux, comme *le Port aux plâtres, la Râpée, le petit Bercy, la grande & petite vallée de Fétamps, Rambouillet, Reüilly, Picpuces, la Croix Faubin,* *la Folie-Renault, *la grande & petite*

* Le Bourg de Charone eft fi contigu à la Croix Faubin & Faubourg Saint-Antoine de ce côté, qu'il femble que ce ne foit qu'un feul & même lieu ; auffi étoit-il de la Paroiffe de Saint Paul, qui s'étendoit autrefois de ce côté : Mais il y a déja long-tems que les Bénédictins de Saint Nicolas de Senlis ont eu l'adreffe de s'en emparer, & en ont fait la Paroiffe que l'on voit aujourd'hui en ce lieu.

Roquette, les Amandiers, Popincourt, & le Pont-aux-Choux.

Tous ces lieux dont nous allons donner un détail succint chacun en particulier, ne font pas seulement pleins de maisons, de peuples & de Bourgeois, mais encore embellis par le grand nombre de leurs maisons de Campagne, de leurs jardins de plaisance, fruitiers, potagers, marais & vignobles, dont le terrein est d'une fertilité admirable ; la grandeur de son circuit, sa situation avantageuse le long de la riviere de Seine, ses belles promenades, jointes au bon air que l'on y respire, en font un lieu de délices, dans lequel on goûte tout à la fois les plaisirs de la Ville & de la Campagne.

Le Port aux plâtres, est le quartier du bord de la riviere de Seine, qui comprend toutes les maisons qui font le long de la riviere, depuis la pointe de l'Arsenal & le passage du fossé du Mail, (où est un petit batteau arrêté par les deux bouts, qui sert à passer sur la riviere qui entre dans ce fossé) jusques à la barriere de la Râpée, ce lieu s'appelle le Port aux plâtres, à cause que c'est là que l'on amene de Charonne & de Montreüil des pierres brutes de plâtre, pour être chargées & transportées dans des batteaux par la Seine, dans des pays où le plâtre ne se trouve pas ;

c'est

c'eſt à ce Port que ſe déchargent tous les trains de bois, ſoit à brûler, ou de charpente, pour être tranſportés dans les chantiers du Faubourg S. Antoine.

La Râpée, eſt un lieu contenant pluſieurs maiſons, ſituées ſur le bord de la riviere de Seine; ce lieu tire ſon nom de la grande maiſon de la Râpée, qui avoit été bâtie par un Commiſſaire General des Troupes de France, qui s'appelloit de ce nom; l'entrée de cette maiſon eſt dans la grande rue de Bercy, le jardin en eſt ſi grand, qu'il s'étend juſques au bord de la riviere, c'eſt-là qu'on trouve un Bacq nommé le Bacq de la Râpée, & pluſieurs petits batteaux qui ſervent à paſſer la riviere d'un côté à l'autre, & près de-là eſt la barriere de la Râpée, où eſt le bureau pour le contrôle des vins & la recette des entrées qui ſont dûs au Roy.

Le petit Bercy, eſt un quartier compoſé de dix ou douze belles maiſons & jardins appartenantes à des Perſonnes de diſtinction à qui elles ſervent de maiſons de campagne pour l'Eté; ce lieu s'étend depuis la maiſon de la Râpée juſqu'à la ruelle de Bercy, c'eſt dans ce quartier que les Peres de la Doctrine Chrétienne ont une maiſon qui fût établie vers 1675, partie par la fondation de M. Dufour Conſeiller, & partie par celle de M. Champion, Avocat en Parlement.

La grande vallée de Fécamps, comprend toutes les maisons & marais depuis Rambouillet, jusqu'à la grande pinte, entre la rue de Bercy, & le grand chemin de Charenton.

La petite vallée de Fécamps, comprend toutes les maisons & marais qui se trouvent entre les deux grands chemins de Charenton, vis-à-vis la grande Pinte & le parc du Château de Bercy.

Rambouillet, est un nombre de maisons dont la plus belle a donné le nom au quartier. Sauval dit qu'elle s'appelloit autrefois la folie de Rambouillet, & qu'elle fut bâtie par un riche homme d'affaires qui portoit ce nom. C'est de cette maison d'où sortoient autrefois les Ambassadeurs qui n'étoient pas Catholiques lorsqu'ils faisoient leurs entrées à Paris. Il ne reste plus de cette Maison qu'un des pavillons qui sert de logement au Jardinier, tout le reste aussi-bien que le jardin qui s'étendoit jusqu'à la riviere, où chacun avoit la liberté de se promener, a été réduit en marais par un Particulier qui en fit l'acquisition en 1720.

Reüilly, est un quartier qui a donné son nom à la grande & petite rue de Reüilly; c'étoit autrefois un Village, qui est à présent rempli de maisons & de marais; Reüilly est contigu aux murs de l'Abbaye de S. Antoine. Le Pere Mabillon rapporte que les Rois de la premiere race avoient un Palais en cet endroit, & que ce fut là que Dagobert qui régnoit en 628, répudia Gomatrude, sa premiere femme, & qu'il prit en sa place Nantilde, une des Suivantes de cette Reine; Reüilly n'a rien de remarquable, sinon une maison Seigneuriale, avec un colombier à pied, cette Seigneurie releve de celle du Temple; ce fut Jean de Vitry sieur de Reüilly, qui donna dans sa Seigneurie dudit Reüilly en 1624, la terre sur laquelle on a bâti l'Eglise de sainte Marguerite, dont nous parlerons en son lieu. Près de cette Eglise dans la rue Bernard est la communauté des Filles de sainte Marguerite, qui font l'école aux pauvres filles de ce Faubourg. M. Mazüre Curé de S. Paul, leur donna cette maison en 1681, leur établissement fut confirmé par Lettres Patentes de 1683. elles prirent le titre de Communauté en 1685, sous le nom de Nôtre Dame des Vertus. Après la mort de M. Mazure ses héritiers & créanciers firent annuller la donation de cette maison, qui fut venduë à M. de Bragelonne, Conseiller en la Cour des Aydes, & à son épouse, qui en firent donation avec une fondation de rente pour l'entretien de sept Sœurs de ladite Communautée : Dans la petite rue de

Reüilly, est un Convent de Religieuses de l'Ordre de la sainte Trinité, dites les Mathurines, elles y vinrent en 1618, de la grande rue du Faubourg où elles s'étoient établies en 1613 ; on trouve dans la grande rue de Reüilly, la manufacture des glaces, qui y fut établie en 1665, par M. Colbert Ministre & Sécrétaire d'Etat.

Picquepuces, autrefois Village, à présent reüni au Faubourg S. Antoine, on y voit quelques maisons Bourgeoises & deux Monasteres, l'un de Religieux Penitens, l'autre de Chanoinesses Regulieres. Dans ce lieu qui est fermé de Barrieres par les deux bouts, on avoit bâti une Chapelle en 1573, elle avoit été dediée à la Sainte Vierge, sous le nom de Nôtre-Dame de Grace. En 1592. cette Chapelle fut donnée aux Religieux Penitens du Tiers Ordre de saint François qui s'y bâtirent d'aumônes une plus grande Eglise, dont le Roy Louis XIII. posa la premiere pierre. Les Religieuses Chanoinesses Regulieres de saint Augustin furent établies à Picquepuces sous le titre de Nôtre-Dame de la Victoire, & de saint Joseph, par M. de Gondy Archevêque de Paris, qui les fit venir de saint Etienne de Reims, & leur accorda le droit d'élire une Prieure triennale ; leur établissement fut confirmé en 1647, par Lettres Patentes enregistrées au Parlement.

La Croix Faubin, étoit autrefois un Hameau à préfent réuni au Faubourg faint Antoine; ce lieu eft un quartier compofé de plufieurs maifons fituées fur le bord du grand Chemin de Charonne, à la Barriere de la ruë de Charonne, dans laquelle ruë eft le Convent de la Croix, où font des Religieufes de l'Ordre de faint Dominique, qui s'y établirent en 1641.

La Folie-Renault, eft une efpéce de Hameau rempli de maifons, entre le Convent de la Roquette&la maifon de Mont-Loüis bâtie par le Pere de la Chaife Jefuite, Confeffeur du Roy Louis XIV. Elle fert de promenade & de recréation aux Jefuites de la Maifon-Profeffe: le jardin potager & la maifon du Jardinier de la maifon de Mont-Loüis, font du territoire du Faubourg faint Antoine & de la Paroiffe fainte Marguerite, le refte eft de la Paroiffe de Charonne, que les Bedictins de S. Nicolas de Senlis ont eû la fubtilité d'ériger, en le démembrant de la Paroiffe de S. Paul, dont ces lieux dépendoient autrefois.

La Grande Roquette, eft un lieu très-confiderable rempli d'un bon nombre de maifons, qui forme un beau quartier: auffi dit-on, que les Rois Henry II. & Henry IV. avoient leur maifon de plaifance où font à préfent les Hofpitalieres de faint

Joseph de la Roquette ; ce lieu donne le nom à une belle ruë qui commence à la porte des Hospitalieres, & va rendre à la Boucherie du Faubourg qui est à la porte saint Antoine ; dans le bout de cette ruë est la porte d'entrée de l'Academie des Arquebusiers qui y font leur Exercice depuis l'an 1634 ; ils étoient auparavant au Faubourg Montmartre, qu'ils furent obligés de quitter, lorsque l'on ferma de murs les Quartiers saint Honoré, Montmartre, & de Richelieu : cette Societé est de l'institution du Roy François I.

La Petite Roquette, est le lieu qui se trouve derriere le jardin des Hospitalieres de ce nom ; cet endroit est composé d'un nombre de maisons, qui sont entre la Folie-Renault, & les Amandiers, dans un grand chemin contigu à la ruë des Amandiers.

Les Amandiers, est un lieu rempli de plusieurs maisons derriere le Couvent de Popincourt, dont la principale se nomme la maison des Amandiers, à cause qu'autrefois le jardin de cette maison qui est fort spacieux, étoit rempli d'arbres Amandiers, le nom en est demeuré au Quartier, aussi-bien qu'à la ruë qui y conduit & qui commence à celle de Popincourt.

Popincourt tire son nom de Messire Jean de Popincourt, Premier Président du Par-

lement de Paris ; Popincourt eſt un Quartier conſiderable qui eſt à la gauche du
Faubourg ſaint Antoine, en ſortant par
la Ville : dès le Regne de Philippe-Au-
guſte, & ſous celui de Charles VI. il y
avoit déja des maiſons en ce Quartier.
Izabelle de France, fille du Roy, & veuve de Richard II. Roy d'Angleterre,
avoit en ce lieu une très-belle maiſon
de plaiſance bâtie ſur une éminence,
avec une vûë des plus agréables, accompagnée de pluſieurs terres, ſur leſquelles
on a bâti quantité de maiſons, ce qui a
compoſé un Quartier très-grand & bien
peuplé ; ce fut en ce lieu que ſous Charles
IX. les Proteſtans faiſant leurs Prêches,
le Connétable de Montmorancy leur fit
brûler en ſa préſence tous les bancs & la
chaire du Miniſtre ; ce qui fit que ceux de
cette Religion le nommerent, *le Ca-*
pitaine Brûle - Banc : au même lieu du
Prêche fut bâti l'Hôpital de ſainte Marthe de l'Ordre du Saint Eſprit de Mont-
pellier, ſous les rüines duquel Hôpital
les Religieuſes Annonciades s'établirent
en 1636, elles acheterent ce fonds, & s'y
bâtirent, de l'argent de leurs épargnes, leur
Convent & leur Egliſe, ce qui fait qu'elles ne reconnoiſſent ni fondateur ni fon-
datrice de leur Communauté.

Le Pont-aux-Choux, eſt un Quartier rem-

pli de maisons & de marais , qui s'éten-
dent de Popincourt & sur les fossés de la
Ville , qui va jusqu'à la porte de saint
Loüis, dit le Pont-aux choux, & de-là s'é-
tend jusques par-delà quelques Moulins
de Menilmontant , où se termine de ce
côté tout ce qui est du Faubourg saint
Antoine.

SUITE DES EGLISES
& Communautés dont on n'a pas
eû occasion de parler ci-devant.

*L'Abbaye des Dames de Sain:-Antoine des
Champs* , ainsi que nous avons dit, a donné
son nom au Faubourg & à la grande ruë *
dans laquelle elle est située ; elle est rede-
vable de son commencement à une petite
Chapelle dont l'histoire dans son origine
est fort singuliere & ne seroit point du
goût d'à present, c'est pourquoi nous nous
contenterons de dire , que les Habitans

* Suivant la Chronique de Loüis XI. ce fut
dans cette ruë, depuis la maison de la Grange
au Mercier jusqu'à la Bastille , que ce Prince
fit le 20 Avril 1474 une Revûë des Habitans
de Paris, capables de porter les Armes, devant
les Ambassadeurs du Roy d'Aragon, qui montoit à cent mille hommes, tous habillés d'E-
carlatte , avec des Croix blanches.

de Paris firent bâtir dans ce lieu une Chapelle en l'honneur de saint Antoine Hermite, & que dans la suite on fit bâtir auprès des logemens pour des Prêtres, des Religieuses, des filles, & des femmes qui y vivoient chacun à leur particulier.

Loüis fils de Philippe-Auguste, leur donna en 1200 les quatorze arpens de terre où elle est située, avec onze arpens de vignes, & deux cens soixante autres arpens de terre entre Paris & Vincennes : en 1204, Odo de Suly Evêque de Paris, les exempta de sa Jurisdiction Episcopale, à condition qu'elles suivroient l'Ordre de Cîteaux, & leur permit de joüir des libertés & franchises de cet Ordre, ce qui n'eut d'execution qu'en 1206, & fut confirmé l'an 1208. Pierre Camb (aussi Evêque de Paris) avec son Archidiacre, & le Curé de saint Paul, leur donnerent les droits paroissiaux en 1215, & leur permirent d'avoir des Prêtres Seculiers pour faire les fonctions, & leur administrer les Sacremens, & à tous ceux de leur enclos.

Un Seigneur de Saint Mandé leur donna en sa Seigneurie trente arpens de terre, & leur fit bâtir une nouvelle Eglise qui fut dédiée le 2 Juin 1238, en l'honneur de Jesus, de la Vierge & de saint Antoine, par Guillaume Evêque de Paris, Gautier Evêque de Cambray, & Pierre

Evêque de Meaux, en préfence des Evêques de Senlis, Soiffons, Noyon, Châlons, & du Roy Saint Louis, des deux Reines, fa mere, fon époufe, & de toute leur Cour.

Un Hiftorien de Paris, dit qu'une des Abbeffes de faint Antoine, & quelques-unes de fes Religieufes, étans entrées dans une confpiration contre la ville de Paris, cette Abbeffe fut conftituée prifonniere le 3 Septembre 1432, au Châtelet, par les ordres des fieurs Faffier Maître des Requêtes, de Mortier Prévôt de Paris, & de Larchier fon Lieutenant Criminel, & qu'en 1547 le Parlement donna Commiffion à M. Bourgoin Confeiller en la Cour, pour la reforme de cette Abbaye; que par Arrêt du 22 Septembre de la même année, il fut ordonné aux Abbés de Cîteaux & de Fremont, de vacquer à cette Reforme, & que par un autre Arrêt de la Chambre des Vacations du 23 Octobre fuivant, il fut dit que ces deux Abbés y feroient obferver les Reglemens.

Les habitans & gens de métier de toute Profeffion du Faubourg faint Antoine, font redevables des Privileges & des Maîtrifes dont ils jouiffent prefentement, à la bonté des Dames Abbeffes & Religieufes de l'Abbaye de faint Antoine, lefquelles touchées des peines & des chagrins que

cauſeroient à ces Habitans les établiſſemens de Maîtriſe , que l'on vouloit
établir dans ce Faubourg, réſolurent de s'y
oppoſer avec douceur , & de prendre ces
Habitans & Gens de Métier ſous leur
protection , ainſi qu'elles firent en pré-
ſentant une Requête à Loüis XIV. ſur
laquelle elles obtinrent de ce Monarque
les Lettres Patentes qui exemptent de
Maîtriſe de toute Profeſſion , (à l'exception des ſix Corps des Marchands) tout
le Faubourg ſaint Antoine , les Ouvriers
& Gens de Métier y demeurans , & révo-
qua ſon Edit du mois d'Octobre de 164.- &
autres qui pourroient avoir été faits, concernant les établiſſemens des Maîtriſes aud.
Faubourg , & ce qui pouroit s'en être en-
ſuivi , & ordonna que leſdits Ouvriers &
Gens de Métier qui y étoient établis , y
feroient leurs demeures à l'avenir , & joüiroient des mêmes franchiſes dont ils avoient
bien & dûement joüi de tout tems , avec
défenſes de les y troubler ; ces Lettres Patentes furent enregiſtrées en Parlement
le 21 Avril 1657.

L'Egliſe de ſaint Antoine, aujourd'hui appellée *l'Egliſe de ſaint Pierre* , qui ſe voit
attenant l'Abbaye & ſur la grand'ruë du
Faubourg , eſt la plus ancienne Egliſe de
ce Faubourg , ou du moins elle eſt ſur la
place de celle qui fut bâtie la premiere

par les Habitans de Paris ; elle a donné non-seulement naissance à l'Abbaye de saint Antoine, mais elle est encore Paroisse de son Enclos, dont le Curé qui doit être Seculier ne peut Baptiser ni Marier, mais a seulement le droit d'administrer les Sacremens aux Malades, & d'enterrer les Morts dans l'Enclos, ce qui fut accordé à cause de l'éloignement de saint Paul ; d'ailleurs ce droit se trouve dans tout l'Ordre de Cîteaux, dont l'Abbaye de saint Antoine suit la Regle depuis l'an 1206 qu'elle s'est incorporée à cet Ordre, & confirmée l'an 1208. L'on prétend que cette Eglise a aussi porté le nom de saint Hubert, & qu'on y solemnisoit autrefois la Fête de ce Saint comme Titulaire de ladite Eglise, que l'on y donnoit le répit à ceux qui étoient mordus des Bêtes Enragées, & que l'on y faisoit aussi flâtrer les chiens soupçonnés d'être mordus & enragés pour être guéris de ce mal, mais il y a long-tems que cet usage a été sagement supprimé.

C'étoit aussi l'usage d'apporter dans cette Eglise les corps des Rois & Reines lorsqu'ils mouroient dans ces quartiers-là, où ils résidoient autrefois ; leurs corps restoient dans cette Eglise, jusqu'à ce que la préparation funebre fut faite, pour leur service solemnel, à celle de Notre-Dame ;

toute

toute la Nobleſſe & tous les Corps de Juſtice en deüil, les venoient prendre dans cette Egliſe, & les conduiſoient à Notre-Dame.

Le Prieuré de Bon-Secours, ſont des Bénédictines, qui vinrent de Soiſſons s'établir dans ce Faubourg en 1667; elles furent fondées par Dame Claude de Bouchanne, veuve de M. Vignier Conſeiller & Directeur des Finances du Roy; leur établiſſement fut confirmé par Lettres Patentes de 1670.

Le Prieuré de la Magdelaine de Trénel, ſont auſſi des Religieuſes Bénédictines, qui furent transferées de Trénel, près de Nogent-ſur-Seine, dans ce Faubourg.

La Communauté des Filles de ſainte Marthe, s'établirent d'abord en 1713, dans la grande ruë du Faubourg, pour l'inſtruction des pauvres Filles, & en 1719 elles furent transferées dans la rue de la Muette, où elles ſont maintenant; elles ſont de la fondation d'Iſabelle Jourdan, veuve du ſieur Theodon, Sculpteur du Roy.

Les Religieuſes Angloiſes, de l'ordre de la Conception, ſont dans la ruë de Charenton; elles y furent établies en 1660, on leur bâtit une Egliſe en 1670. Elles en firent faire une autre depuis, qui fut dediée en 1676, ſous l'invocation de ſainte Anne.

C

*Les Religieuses de l'Annonciade Celeste,
ou Filles Bleües, dites Celestines,* furent établies en 1624, dans ce Faubourg.

L'Hôtel des Mousquetaires, du Faubourg S. Antoine * rue Charenton, ne commença à être bâti qu'en 1700 ; dès qu'il fut achevé, une des deux Compagnies y fut placée.

La premiere Compagnie des Mousquetaires, fût instituée en 1622, par Louis XIII. qui fit le choix de 250 hommes dans ses Carabiniers & Chevaux-Legers, desquels il forma cette premiere Compagnie, à qui on donna des Mousquets, d'où semble avoir été emprunté le nom qu'ils portent : en 1660, Louis XIV. institua la seconde Compagnie, composée de même nombre, dont il se fit le Capitaine en 1665, &

---

* Ce Faubourg est renommé pour la bataille qui s'y est donnée. Il y eut cette journée, appellée de S. Antoine, trois mille hommes tant tués que blessés le 5 Juillet 1652, entre l'armée Royale commandée par les Maréchaux de Turenne, & de la Ferté, & celle des Princes, commandée par M. le Prince de Condé ; ce fût-là que ces deux grands Capitaines firent voir combien ils excelloient dans l'art militaire, où après six heures de combat le plus opiniâtre de part & d'autre, l'avantage resta au Maréchal de Turenne, qui eût remporté une victoire complette sur l'armée des Princes, si à la faveur du canon de la Bastille, que Mademoiselle fit tirer sur les Troupes du Roy, elle n'eût trouvé retraite dans Paris.

nomma sous lui un Capitaine-Lieutenant à chaque Compagnie, & leur donna des habillemens uniformes, avec vingt écus de paye par mois : en 1688, il accorda des pensions pour les cinquante-deux plus anciens, à qui elles se distribuent inégalement, suivant le rang de leurs entrées dans chacune desdites Compagnies, & les distingua l'une par leurs chevaux noirs, & l'autre par des gris.

Les Hôtels des Mousquetaires des Fauxbourgs S. Germain & S. Antoine, sont comme les premieres écoles où l'on dresse ces Seigneurs Gentilshommes dans les ruses & subtilités de l'art militaire : en un mot, ce sont les deux principales écoles de la Guerre, où quantité d'Officiers de Cavalerie & d'Infanterie ont fait leurs apprentissages ; les Mousquetaires ne se distinguent seulement pas par la garde du Roy, mais encore dans les siéges, dans les campagnes & dans les combats, où ils se signalent autant par leur adresse que par leur courage, jusqu'au point, ainsi qu'il leur est souvent arrivé, d'être non-seulement la terreur, mais encore les seuls instrumens de plusieurs victoires remportées sur les Ennemis de la France.

L'Hôpital des Enfans Trouvez du Faubourg S. Antoine, desservi par les Sœurs de la Charité, dites Sœurs-Grises, a été fait & fondé en 1669 , dans la grande rue de ce Faubourg ; on y reçoit les Enfans trouvés qui reviennent de nourrice pour y être elevés , jusqu'à un certain âge qu'ils font mis à l'Hôpital Général.

Six Freres & un Supérieur Ecclefiaftique , font maîtres des écoles de charité pour les pauvres garçons du Faubourg , ils leur enfeignent à lire & écrire ; leur fondation eft de M. l'Abbé Gaillard , & leur établiffement eft rue de Lape.

Les Sœurs de la Charité , dites Sœurs-Grifes , pour le fecours des pauvres Malades du Faubourg, & de la Paroiffe de fainte Marguerite, furent d'abord établies dans la rue Bernard , au tems de l'érection de cette Eglife en Paroiffe ; elles font préfentement devant le cimetiere de cette Paroiffe , dans une belle maifon neuve, que M. Breot, Miroitier de Louis XIV. leur a fait bâtir & donnée, fous condition qu'elles ne tiendroient point d'écoles, & qu'elles n'auroient d'autre occupation , que celle de fe porter avec charité au fecours & au foulagement des pauvres malades.

Par le détail que nous venons de faire des Eglifes , Monafteres & Communautés du Faubourg S. Antoine, on voit qu'il furpaffe en nombre prefque tous les autres Fauxbourgs de Paris; on voit auffi dans ce Faubourg trois Fontaines publiques , & la porte S. Antoine qui l'orne & l'embellit ; cette Porte fut rebâtie en 1671, fur la place de celle qui avoit été bâtie fous Henry II.

Ce Faubourg a toujours joüi des Privileges accordés aux autres Fauxbourgs de Paris, fans Lettres du Roy ni Arrêts d'aucune Cour Souveraine, jufqu'en 1657 que les Dames Abbeffe & Religieufes de Saint Antoine obtinrent du Roy des Lettres Patentes regiftrées en Parlement le 21 Avril même année, qui exemptent de Maîtrife en toutes fortes de Profeffions, tous Ouvriers & gens de Métiers y demeurans. Ces Franchifes ont donné lieu à des perfonnes de tous fexes, de toutes nations, de toutes fortes de Profeffions & Métiers de s'y retirer & établir ; de forte que ce Faubourg, non-feulement par la grandeur de fon circuit, mais encore par le nombre de fes habitans, tant Ouvriers que Bourgeois, eft en état aujourd'hui de le difputer avec des Villes Capitales de Province : on peut même dire qu'il femble que le deftin l'ait choifi pour en faire un magafin de toutes les Sciences, Arts & Métiers, ce qui fait qu'on a l'avantage d'y trouver des hommes experts en toutes fortes d'ouvrages, au point qu'il n'y a prefque pas une maifon dans Paris qui

G iij

ne fe reffente de leur induftrie ; la plûpart des Marchands & Maîtres de Métiers de la Ville fe font honneur des ouvrages qu'ils tirent de ce Faubourg , & les.
font paffer pour être faits par leurs mains ,
ou tout au moins dans leurs boutiques.

Sans nous arrêter davantage à la.
defcription de ce qui peut rendre ce Faubourg recommandable dans l'efprit de
ceux qui cultivent les Arts & Métiers ,
il fuffit de dire que c'eft la vafte étenduë
de ce Faubourg , jointe aux privileges
dont on y a toûjours joüi , qui ont attiré
le concours de fes Habitans & fait
naître le deffein d'ériger en ce lieu une
Chapelle pour fervir de Succurfale à
l'Eglife Paroiffiale de S. Paul. Les Habitans furent les premiers à en folliciter la
permiffion , mais inutilement , tout étoit
fourd & muet pour eux , perfonne ne vouloit correfpondre à leur pieufe entreprife ,
aucun des Seigneurs du lieu , pas même
les Dames Abbeffe & Religieufes de S.
Antoine , quoique intereffées , ne voulu-
rent fe prêter à leur défir : penetrés de
cette indifference , les Habitans ne fça-
voient à quoi l'attribuer , ils ignoroient
alors les vûës de cette riche Abbaye , &
qu'elle afpiroit aux titres glorieux de Fon-
datrice , & à toutes les prérogatives qui
font attachées à cette qualité , en cher-

chant à ériger en Paroisse de tout ce Faubourg la petite Chapelle de S. Pierre,
Paroisse de son enclos.

Les Evêques, ensuite Archevêques de
Paris, regardans ce dessein comme un
attentat à leurs droits & à leur autorité,
s'opposerent encore plus fortement aux
offres que faisoient les Habitans de se bâtir
une Chapelle domestique ; d'ailleurs ils ne
vouloient point désobliger les Dames Ab-
besses d'une Maison aussi illustre, dont la
plûpart ont été Princesses du Sang, qui
n'auroient pas manqué de faire valoir leurs
Titres. Monsieur de Gondy, l'un des premiers Archevêques de Paris, suivit en ce
point les traces de ses Prédecesseurs, & les
Curés de S. Paul ne furent pas plus portés
à favoriser cette entreprise.

Cependant les Habitans de ce Faubourg ne se rebutans point, trouverent
enfin quelque accès ; mais si leurs prieres
furent écoutées, ce fut d'une façon bien
différente de celle qu'ils s'étoient proposée ;
car de concert avec Mr Antoine Fayet,
Docteur en Theologie, & Curé de S.
Paul, ils présenterent une Requête au
Roy, le 28 Octobre 1623, par laquelle
ils demanderent à sa Majesté, la conces-
sion d'un terrein dans une place vague
& alors inutile dans son Domaine, située
entre la rue de Charonne & la grande rue

du Faubourg S. Antoine, pour y conftruire une Chapelle que lefdits Habitans
promirent de faire édifier eux - mêmes,
en contribuant chacun en leur particulier & pour leur part aux dépenfes du
bâtiment : après un procès-verbal fait de
ladite place par Meffieurs les Tréforiers de
France, en datte du 17 Avril 1624, le
Roy (Louis XIII.) donna au mois de
Février fuivant des Lettres Patentes,
portant conceffion de ladite place, fuivant
la deftination & condition marquées dans
leur Requête, du confentement néanmoins de M. l'Archevêque de Paris, lefdites Lettres Patentes furent enregiftrées
au Parlement le 22 Juin de la même
année, & Mr. de Gondy Archevêque de
Paris, donna un decret en datte du 12
du même mois de Juin, portant permiffion aux Habitans du Faubourg de bâtir
une Chapelle fur ladite place accordée par
Sa Majefté, à condition que lefdits Habitans entretiendroient ladite Chapelle,
& la fourniroient d'ornemens ; mais comme cette place ne fe trouva pas dans un
endroit affez commode & propre à bâtir
ladite Chapelle, fuivant le deffein qu'ils
en avoient formé, l'octroy n'eût pas lieu ;
c'eft pourquoi, on vient de dire que leurs
priéres ne furent pas exaucées, félon ce
qu'ils fe l'étoient propofé.

Enfin en la même année 1624, M.
Jean de Vitry , Seigneur de Reüilly ,
touché des peines & des fatigues des Habitans, pour se rendre à l'Eglise Paroissiale
S. Paul, qui s'augmentoient tous les jours
par l'éloignement que causoit l'agrandis-
sement du lieu , prit seul la résolution
d'executer ce que les autres Seigneurs
avoient jusqu'alors refusé de faire , il en
donna une preuve certaine , en aban-
donnant, de son propre mouvement, une
piéce de terre pour y bâtir cette Chapelle ,
aux conditions qui seront détaillées cy-
après , mais toûjours qu'elle seroit dépen-
dante de l'Eglise de S. Paul de Paris.

Le jour arrêté entre M. Jean de Vitry,
Seigneur de Reüilly pour passer cette donation, & M. Antoine Fayet Docteur en
Theologie, Chanoine de l'Eglise de Paris ,
& Curé de saint Paul pour la recevoir ,
l'acte en fut passé par devant Dubois &
Duchêne son Confrere Notaires à Paris,
le 10 Octobre 1624. Cet acte porte que
» M. Jean de Vitry Sr de Reüilly a don-
» né , cedé , quitté , transporté & délaissé,
» du tout dès maintenant & à toûjours par
» donation irrévocable faite entre-vifs , &
» en meilleure forme & maniere que do-
» nation peut valoir , & promet garantir
» de tout trouble & empêchement généra-
» lement quelconques, à M. Antoine Fayet

» Docteur en Theologie, Chanoine de l'E-
» glife de Paris, & Curé de l'Eglife Pa-
» roiffiale de faint Paul, à ce préfent &
» acceptant pour lui & fes fucceffeurs Cu-
» rés à l'avenir, un arpent de terre en une
» piéce à compter cent perches pour ar-
» pent, & vingt pieds pour perches qui
» eft la mefure du territoire de Paris, &
» icelui arpent de terre prendre en fept
» quartiers fept perches de terre, en une
» piece de quel côté que bon femblera
» audit fieur Fayet, affife au terroir de
» Paris, aux terres proche le Moulin à
» vent de l'Abbaye faint Antoine, tenant
» la totalité d'une part aux terres de ladite
» Abbaye faint Antoine, d'un côté à Ni-
» colas Chabry, d'un bout à la maifon &
» jardin de la veuve Berault, & d'autre
» bout à   étant
» en la cenfive des Seigneurs de Reüilly,
» fans que ledit Fayet ni fes fucceffeurs
» foient tenus payer à l'avenir aucuns cens,
» rentes, droits Seigneuriaux, ni aucunes
» charges quelconques, & fi aucune chofe
» en eft demandée, ledit Donateur en pro-
» met acquitter & indemnifer ledit fieur
» Fayet & fes fucceffeurs Curés de faint
» Paul, à caufe de la préfente donation;
» ledit arpent de terre audit Donateur ap-
» partenant & à lui advenu & échû par
» le partage fait entre lui & fes coheritiers

» de la succession de ses défunts pere &
» mere pour en joüir, à commencer la
» joüissance de cejourd'hui.

» Cette donation, cession & transport
» ainsi faites, à la charge que ledit sieur
» Fayet sera tenu & promet de faire bâ-
» tir une Chapelle sur ledit arpent de
» terre donnée à la commodité dudit sieur
» Fayet. "

A cette donation faite & reçûë en bonne forme en succeda bientôt une seconde
de la part dudit sieur Jean de Vitry Sr.
de Reüilly, au profit dudit sieur Fayet
Curé de saint Paul & de ses successeurs
en la même Cure; elle fut passée chez les
mêmes Dubois & Duchêne Notaires, le
29 du même mois d'Octobre, par laquelle
» ledit sieur de Vitry Sr. de Reüilly, a
» volontairement reconnu & confessé a-
» voir donné, cedé, quitté, transporté
» & délaissé, par ces Présentes il donne,
» cede, quitte, transporte & délaisse du
» tout, dès maintenant & à toûjours, par
» donation irrévocable faite entre-vifs, &
» en la meilleure forme & maniere que
» donation peut valoir, & promet garan-
» tir de tous troubles & empêchemens
» généralement quelconques, à M. An-
» toine Fayet Curé de saint Paul, à ce
» présent & acceptant pour lui & ses suc-
» cesseurs Curés dudit saint Paul au tems

» à venir, une piece de terre contenant
» sept quartiers sept perches de terre ou
» environ ; ladite piece, ainsi qu'elle se
» poursuit & comporte, assise au terroir
» de Paris, proche le moulin à vent de
» l'Abbaye de saint Antoine-des-Champs,
» tenant d'une part aux terres de ladite
» Abbaye de saint Antoine ; d'autre part
» à Nicolas Chabry, d'un bout à la mai-
» son & jardin de la veuve Berault, &
» d'autre bout à
» étant en la censive des Seigneurs dudit
» Reüilly, sans que ledit sieur Fayet ni
» ses successeurs Curés de saint Paul,
» soient tenus payer à l'avenir aucuns
» cens, rentes, droits Seigneuriaux, ni
» aucunes charges quelconques ; si aucune
» chose en est demandée, ledit sieur de
» Vitry en promet acquitter & indemni-
» ser ledit sieur Fayet & ses successeurs
» Curés de saint Paul, à cause de la pré-
» sente donation ; ladite piéce de terre
» audit de Vitry appartenante, & à lui
» avenuë & échûë par le partage fait en-
» tre lui & ses cohéritiers de la succession
» de ses défunts pere & mere, pour en
» joüir de ce jourd'hui. Cette donation,
» cession & transport ainsi faites, à la ré-
» serve que ledit de Vitry fait d'un de-
» mi arpent de terre de ladite piéce ci-
» dessus donnée, à prendre du côté &

attenant

» attenant les murs de clôture de la mai-
» son de ladite Veuve Berault , pour par
» ledit sieur Fayet en joüir lui & ses Suc-
» cesseurs, ainsi que bon leur semblera, &
» encore à la charge que ledit sieur Fayet
» sera tenu & a promis de faire bâtir une
» Chapelle sur ladite piece de terre don-
» née , à la commodité dudit sieur Fayet ;
» transportant , délaissant , voulant pro-
» cureur le porteur, donnant pouvoir , &
» en ce faisant le contrat de donation
» fait par ledit de Vitry audit sieur Fayet
» & ses Successeurs Curés de S. Paul, d'un
» arpent de terre , faisant partie de ladite
» piéce ci-dessus donnée ; passé devant
» les Notaires susnommés le 10 Octobre
» présent mois & an , insinué au Greffe
» du Châtelet le 25 desdits présent mois
» & an , & est demeuré nul & de nul
» effet au moyen des présentes.

Muni de ces deux Donations , M.
Antoine Fayet, Curé de S. Paul conjointement avec les Habitans du Faubourg S.
Antoine , présenterent une nouvelle Requête à M. l'Archevêque de Paris, pour obtenir de lui la permission de bâtir la Chapelle dont il s'agit, ce que M. de Gondy,
après l'avoir d'abord refusé, leur accorda
le 31 Janvier 1625 , sans doute aux mêmes
conditions pour les Habitans du Faubourg, que celles ausquelles ils s'étoient

D

ci-devant soumis : il est bon de remarquer que dans cette permission, il est dit que le fonds sur lequel M. l'Archevêque consent qu'on bâtisse une Chapelle, a été donné par M. Jean de Vitry sieur de Reüilly ; on y nomme les Habitans du Faubourg S. Antoine, & M. Antoine Fayet qui ont présenté la Requête, & à qui cette permission fut accordée.

Dès qu'on eût cette permission, les Habitans du Faubourg S. Antoine ne pensèrent plus qu'à construire la Chapelle qu'ils désiroient depuis si long-tems. M. Antoine Fayet, Curé de S. Paul, fut choisi pour la conduite du bâtiment, par les Habitans du Faubourg, qui dépendoit alors de sa Cure ; il le chargea de la part desdits Habitans, du soin de faire bâtir la Chapelle, aux termes de la donation dudit sieur Jean de Vitry sieur de Reüilly, & lesdits Habitans contribuèrent chacun en leur particulier, * suivant

* Le sieur Antoine Fayet donna deux moyennes Cloches, qui sont encore aujourd'huy dans le clocher de sainte Marguerite, au-dessus de deux autres plus grosses ; on a été obligé dans la suite de les faire refondre, & pour ne pas perdre le souvenir de ce bienfait, les Marguilliers lors en charge firent mettre l'inscription suivante, qui se lit encore aujourd'huy sur chacune desdites deux cloches.

J'AI ETE' DONNE'E PAR M. ANTOINE FAYET, ET REFAITE EN 1639.

lëur pouvoir & ce qu'ils pûrent fournir à la conſtruction de ladite Chapelle : en effet elle fut bâtie par les ſoins de M. Antoine Fayet Curé de S. Paul, qui la fit faire en forme de Croix , de ſeize toiſes de longueur , ſur neuf toiſes ou environ de largeur à la croiſée , & quatre toiſes dans œuvre au-deſſous , & au-deſſus de ladite croiſée ; elle fut dediée ſous l'invocation de ſainte Marguerite, Vierge & Martyre , l'Autel de la ſainte Vierge fut érigé dans la croiſée à main-droite, avec la Confrairie de ſon nom , & l'Autel de S. Honoré dans l'autre croiſée ; de ſorte qu'il y eut dès 1625 , que cette Egliſe fut achevée de bâtir , trois Autels ; ſçavoir , la Chapelle de ſainte Marguerite dans le fond , & les Chapelles de la ſainte Vierge & de ſaint Honoré dans les deux croiſées. Depuis ce tems , les Habitans du Faubourg S. Antoine s'aſſemblerent dans la Chapelle de ſainte Marguerite , où ils firent toûjours célébrer le Service divin les Fêtes & Dimanches, à cauſe de l'éloignement de leur Egliſe paroiſſiale , ainſi que l'a reconnu M. Antoine Fayet, par le contenu d'une Requête préſentée par lui-même au Parlement en 1634, que l'on verra cy-après.

Il y avoit déja plus d'un an que la Chapelle de ſainte Marguerite étoit bâtie , lorſqu'il fut fait un Contrat de vente de la

terre fur laquelle elle eſt conſtruite ; on a
jugé-à-propos d'inſerer ici ce Contrat ,
comme étant une piéce très-utile à la diſ-
cuſſion aujourd'huy agitée ſur le droit de
nomination à la Cure de ladite Egliſe.

CONTRAT DE VENTE.

„ Furent préſens en leurs Perſonnes ,
„ vénérable & diſcrette Perſonne Meſſire
„ Antoine Fayet , Prêtre , Docteur en
„ Theologie , Chanoine de l'Egliſe de
„ Paris , Curé de l'Egliſe paroiſſiale de S.
„ Paul , demeurant proche ladite Egliſe ,
„ d'une part.

„ Et Jean de Vitry ſieur de Reüilly , en
„ partie près Paris , & y demeurant en
„ ladite paroiſſe de S. Paul d'autre part.

„ Diſans leſdites Parties , même ledit
„ de Vitry , que ci-devant & dès le 29
„ jour d'Octobre 1624 , par Contrat paſſé
„ pardevant les Notaires ſouſſignés , il
„ auroit donné , cedé & tranſporté audit
„ ſieur Curé de S. Paul & à ſes Succeſſeurs
„ Curés de ladite Egliſe , une piéce de
„ terre contenant ſept quartiers ſept per-
„ ches ou environ , aſſis au terroir de Pa-
„ ris , proche le Moulin à vent de l'Ab-
„ baye de S. Antoine-des-Champs , te-
„ nante d'une part aux terres de ladite
„ Abbaye , d'autre à Nicolas Thierry ,

» d'un bout à la maison & jardin de la
» Veuve Berault, & d'autre bout à
»   . à la
» réserve que ledit de Vitry auroit faite
» d'un demi arpent de terre de ladite piéce
» à prendre du côté & attenant les murs
» de clôture de ladite maison de ladite
» Veuve Berault, pour en disposer à sa
» volonté, & à la charge de faire par ledit
» sieur Curé de S. Paul bâtir une Cha-
» pelle sur ladite terre donnée, depuis le-
» quel tems ledit sieur de S. Paul ayant
» fait construire & édifier ladite Chapelle,
» & voyant que le reste de ladite terre est
» de peu d'étendue, & que ledit demi
» arpent même pourroit grandement ac-
» commoder ce lieu & le rendre en son
» quarré, icelui de Vitry considerant que
» ladite donation par lui faite, seroit
» encore plus parfaite, en quittant audit
» sieur de S. Paul, & à ses Successeurs Cu-
» rés en ladite Eglise ledit demi arpent de
» terre, il a fait & passé avec ledit sieur
» Curé de S. Paul ce qu'il ensuit ; c'est à
» sçavoir, que ledit sieur de Vitry en con-
» séquence dudit Contrat de donation &
» pour demeurer à perpetuité aux Curés
» de S. Paul, a cedé, quitté, transporté
» & delaissé, comme par ces présentes il
» cede, quitte, transporte & delaisse, du
» tout, dès maintenant & à toûjours, &

D iij

„ promet garantir de tous troubles & em-
„ pêchemens généralement quelconques,
„ audit sieur Curé de S. Paul, ce accep-
„ tant pour lui & ses Successeurs Curés en
„ ladite Eglise, ledit demi-arpent de terre
„ restant & faisant partie de la susdite
„ piéce de sept quartiers sept perches ou
„ environ, sur laquelle la Chapelle a été
„ bâtie, étant en la censive des Seigneurs
„ dudit Reüilly, & sans que ledit sieur
„ Fayet, comme il est porté en ladite
„ donation, ni sesdits Successeurs Curés
„ de S. Paul, soient tenus payer à l'ave-
„ nir aucuns cens, rentes, droits Sei-
„ gneuriaux, ni aucunes charges quel-
„ conques, & si aucune charge est de-
„ mandée, ledit de Vitry en promet ac-
„ quitter & indemniser ledit sieur Fayet &
„ ses Successeurs Curés de S. Paul, com-
„ me & tout ainsi qu'il a promis & qu'il
„ est au long porté par ladite donation,
„ pour dudit demi-arpent de terre présen-
„ tement quitté & transporté, joüir com-
„ me du surplus de ladite terre par ledit
„ sieur Curé de S. Paul & ses Successeurs
„ Curés en ladite Eglise de ce-jourd'huy,
„ & demeurer à toûjours à ladite Cure de
„ S. Paul & non autrement.
„ Lesdites cession & délaissement ainsi
„ faits, moyennant la somme de 600 liv.
„ tournois, sur laquelle somme ledit de

,, Vitry a confeffé & confeffe avoir reçû
,, dudit fieur Curé de S. Paul, qui lui a
,, préfentement baillé, payé, compté,
,, nombré & delivré, préfens les Notaires
,, fouffignés, en piéces de feize fols, le tout
,, bon & ayant cours, la fomme de 200 l.
,, dont partant quittant, & quant au fur-
,, plus montant à 400 liv. tournois, ledit
,, fieur de S. Paul l'a promis & promet
,, bailler & payer audit de Vitry ou au
,, porteur, fçavoir 200 liv. dans d'huy en
,, quatre mois prochains venans, & les
,, autres 200 liv. dans le dernier jour de
,, Décembre auffi prochain venant, tranf-
,, portant ledit fieur de Vitry tous droits
,, de proprieté, défaififfant, voulant pro-
,, cureur le porteur donnant pouvoir.

,, Car ainfi a été accordé entre lefdites
,, Parties, qui autrement n'euffent faites
,, & paffées ces préfentes ; promettant,
,, obligeant chacun en droit foy, renon-
,, çant ; fait & paffé en la maifon dudit
,, fieur de S. Paul, l'an 1626, le feptiéme
,, jour de Fevrier avant midy, & ont figné,
,, ainfi figné FAYET, DE VITRY, DUBOIS
,, & DUCHESNE, avec paraphes.
,, L'an 1738, le 21 Avril, collation des
,, préfentes a été faite par les Confeillers
,, du Roy, Notaires à Paris, fouffignés
,, fur la minute dudit Acte, dont expédi-
,, tion eft des autres parts, étant en la

» poſſeſſion de M. de Laleu , l'un d'eux
» Succeſſeur à la pratique de Me. Sava-
» lette , cy-devant Notaire , qui l'étoit à
» celle dudit Me. Duchêne , auſſi ci-de-
» vant Notaire. Signé PINARD & DE
» LALEU Notaires, avec paraphes, &
» ſcellé ledit jour. «

Après ce Contrat de vente , ſuit la quittance finale du payement de la ſomme portée audit Contrat , elle eſt paſſée chez les
mêmes Dubois & Duchêne Notaires , &
dattée du 11 Février 1627 , & conçue
en ces termes : ,, Que le ſieur Jean de
» Vitry ſieur de Reüilly, reconnoît avoir
» eû , reçû & retenu de M. Antoine Fayet
» Curé de S. Paul , la ſomme de 400 liv.
» tournois, faiſant le reſte & parfait paye-
» ment de la ſomme de 600 liv. tournois,
» portée & mentionnée au contrat de
» vente fait par ledit de Vitry audit ſieur
» Fayet , de l'héritage de terre, paſſé par-
» devant Dubois & Duchêne le 7 Février
» 1626 , dont quittance ; conſentant ledit
» ſieur de Vitry , que la minute dudit con-
» trat de vente ſoit dechargée du préſent
» payement par les Notaires ſur ce requis ,
» à la ſeule inſpection des préſentes , ſans
» que ſa préſence y ſoit requiſe , lequel
» conſentement & ces préſentes ne ſervi-
» ront enſemble que d'un acquit , &c. «

Les choſes en cet état , M. Antoine

Fayet, Curé de S. Paul, crut ne devoir pas
laisser échaper une si belle occasion de s'ar-
roger le droit de Patron & de Fondateur de
la Chapelle de Ste Marguerite; dans ce point
de vûe, il engagea M. Jean de Vitry sieur de
Reüilly à lui passer une contre-lettre chez
les mêmes Notaires Dubois & Duchêne le
12 Février 1627, & a revoqué les deux
donations précédentes, qu'il avoit faites
pures & simples de son propre mouvement
& pleine volonté, pour l'érection d'une
Chapelle à laquelle les Habitans du lieu
avoient contribué plus que personne.

Par cette contre-lettre, qui est aujour-
d'huy la piéce fondamentale & le seul titre
de ceux de la famille des Fayet, M. Jean
de Vitry sieur de Reüilly, a dit & declaré,
reconnu & confessé de bonne foy, ,, qu'en-
,, core que par le contrat qu'il avoit fait
,, à M. Antoine Fayet Curé, passé par-
,, devant Dubois & Duchêne Notaires sus-
,, nommez le 29 Novembre 1624, il avoit
,, fait donation audit sieur Curé de S.
,, Paul & à ses Successeurs Curés, d'une
,, piéce de terre contenant sept quartiers
,, sept perches, & une piéce assise au ter-
,, roir de Paris, proche le Moulin de l'Ab-
,, baye de S. Antoine-des-Champs, tenant
,, d'un bout aux terres de ladite Abbaye,
,, d'autre part à M. de Bercy Mallon,
,, aboutissant d'un bout à la Veuve du feu

» fieur Berault & autres, à la referve d'un
» demi arpent en ladite piéce de terre que
» ledit fieur de Vitry fe feroit refervé par
» ledit contrat, & depuis ayant ledit fieur
» Fayet befoin dudit demi arpent de ter-
» re, ledit fieur de Vitry par contrat paffé
» pardevant lefdits Notaires, le 7 Février
» 1626, il lui auroit vendu ledit demi-
» arpent de terre moyennant la fomme de
» 600 liv. felon qu'il eft declaré au con-
» trat de ladite vente, fur partie defquels
» fept quartiers & fept perches de terre,
» ledit fieur Fayet *y a fait bâtir, édifier &*
» *conftruire l'Eglife de fainte Marguerite à*
» *fes frais & dépens.* * Néanmoins la veri-
» té eft telle, que ledit contrat en forme
» de donation ci-deffus premier datté,
» enfemble ledit fecond contrat de vente,
» ne font enfemble qu'une feule vente def-
» dits fept quartiers fept perches de terre,
» pour ladite fomme de 600 liv. à quoi
» ledit fieur Fayet auroit convenu avec
» ledit fieur de Vitry pour ladite vente, &
» que ce qu'il auroit ufé de ce mot de do-

   * Il ne fe trouve rien de cela dans le prétendu
contrat de vente qu'on vient de rapporter ; on
y fait bien mention, ainfi que dans les précédentes donations, qu'elles ont été faites à la charge
de bâtir ladite Chapelle, mais il n'eft point quef-
tion que cette charge ait été acquittée par ledit
fieur Curé de S. Paul, parce qu'il n'eft point dit
qu'il le feroit à fes frais & dépens.

» nation par ledit premier contrat, n'a été
» & n'eſt que pour accommoder ledit ſieur
» de Vitry en ſes affaires, lequel reconnoît
» que c'eſt iceux ſept quartiers ſept perches
» de terre avoir été vendus pour ladite
» ſomme de 600 liv. &c. "

Il n'eſt point douteux, il eſt même ſenſible, par pluſieurs raiſons, que cette contre-lettre ne peut avoir lieu : 1º. Elle n'eſt point faite ſur le champ, ou du moins dans les vingt-quatre heures, elle n'a été faite que deux ans & plus de trois mois après les donations, & encore en quelle forme. 2º. L'un n'avoit pas plus le pouvoir de donner que l'autre de recevoir; le Sr Fayet ne pouvoit s'en faire paſſer la contre-lettre en ſon propre nom, ſans une permiſſion de l'Ordinaire, ſans le conſentement ou la préſence des Marguilliers de S. Paul, & des principaux Habitans du Faubourg S. Antoine, pour la commodité deſquels Habitans la terre avoit été donnée, & ſur laquelle la Chapelle de ſainte Marguerite étoit déja bâtie, qui ſelon toutes les apparences & ſuivant le contenu des Requêtes deſdits Habitans préſentées au Roy, & à M. l'Archevêque de Paris, avoient, plus que perſonne, contribué à ſa conſtruction; ces deux donations étant faites pour eux, pour leur uſage & à leur réquiſition, elle n'appartenoit qu'à eux ſeuls, la contre-lettre ne faiſant point mention de tout ce que deſſus, elle devient nulle.

Quoi qu'il en ſoit, M. Antoine Fayet, Curé de S. Paul, ne fut pas plutôt poſſeſſeur de la quittance finale du payement ſoit diſant, de la prétenduë vente & de la contre-lettre, qu'après avoir entiérement quitté la Cure dudit Saint Paul, étant Conſeiller au Parlement, il prit le titre pompeux de Patron & de Fondateur de la Chapelle de ſainte Marguerite. Il ne joüit pas long-tems de ſa prétenduë victoire, & il ſe vit aſſailli tout-à-coup par les Habitans du Faubourg S. Antoine qui revendiquerent leur patrimoine; l'affaire fut portée au Châtelet, où ils obtinrent une Sentence qui condamnoit le Curé à produire ſes Titres; il eut honte de les mettre au jour, & au lieu de ſe ſoûmettre à la Sentence, il en appella au Parlement, où il fut également pourſuivi par ſes Parties adverſes.

Dans le cours de cet appel, le ſieur Antoine Fayet, devenu Chanoine, crût devoir faire diverſion, & ſoit qu'il l'eût demandé ou non, M. l'Archevêque de Paris donna un Decret pour ériger la Chapelle de Sainte Marguerite en Egliſe Succurſale de Saint Paul; les Marguilliers de cette Paroiſſe s'oppoſerent avec vigueur à ce Décret; en ſorte que ces déux Procès

cès n'en firent plus qu'un seul ; c'est ce que demandoit le sieur Antoine Fayet, persuadé qu'il seroit facile de faire accorder aux Marguilliers de Saint Paul ce qu'ils demandoient, il obtint un Arrêt sur les Conclusions de M. le Procureur General le 26 Juillet 1629, par lequel, du consentement des Parties, l'on évoquoit le principal, & l'on donnoit Acte au sieur Antoine Fayet de sa déclaration. Au lieu de prononcer sur le fond, ce que le sieur Fayet eut la subtilité d'écarter en changeant d'objet, le même Arrêt ordonnoit ; (ce qui n'étoit pas en question, si ce n'est par incident) que la Chapelle seroit & demeureroit simple Chapelle sans qu'elle pût être dite ni nommée Eglise Succursale, ni qu'en icelle il pût être fait aucune fonction Curiale, en outre que le Titre de Patron & de Fondateur demeureroit au sieur Antoine Fayet & à ses Héritiers tels qu'il voudroit les choisir.

Jusques-là tout alloit au gré du Sr Fayet, mais n'ayant pas encore doté cette Chapelle, & ne pouvant fournir aucun Titre, & n'osant faire valoir sa contre-lettre, parce qu'il la reconnoissoit vicieuse, il s'avisa au préjudice de l'Arrêt qu'on vient de rapporter, de vouloir doter cette Chapelle, & la faire ériger en titre de bénéfice, &

ayant été refusé du sieur Archevêque de Paris , il se pourvût par voye de requête au Parlement , pour qu'il lui fût permis de faire assigner M. l'Archevêque. Il obtint Arrêt le 27 Octobre 1629 , qui lui permit de faire assigner ledit Sr Archevêque, aux fins de sa requête , & ne pouvant en obtenir le consentement , il se pourvût derechef au Parlement , où il obtint un second Arrêt en 1630 , qui n'eut pas plus d'execution que le premier ; il obtint un autre Arrêt le 9 Aoust 1631 , qui ordonna l'execution de celui du 26 Juillet 1629 , & du consentement du sieur Fayet Fondateur de la Chapelle Sainte Marguerite ; qu'après sa mort cette Chapelle demeureroit Succursale de la Paroisse de Saint Paul ; à cette fin , les Habitans du Faubourg Saint Antoine feroient construire à leurs frais un logement pour les Prêtres qui déserviroient ladite Chapelle , laquelle seroit réparée & entretenuë par eux , qu'on n'y pourroit rien innover sans le consentement de celui qui représenteroit le sieur Antoine Fayet, & qu'en cas qu'il s'érigeât en icelle un Titre Ecclesiastique , (il ne s'agissoit alors que du Titre de Chapelle , & non d'une Cure) la présentation appartiendroit au Représentant du sieur Fayet , avec tous les droits honorifiques de Patron & de

Fondateur; cet Arrêt détermina M. Fayet, ancien Curé de Saint Paul à doter cette Chapelle, pour s'assûrer & à ses Héritiers le droit de présentation à ce bénéfice, dont la collation appartiendroit à l'Archevêque de Paris. Dans cet Arrêt se trouvent les noms du sieur Mazure, Curé de S. Paul, & les nommez de Lape, députés des habitans du Faubourg S. Antoine, comme ayant eu part à cette contestation.

En 1632 le Parlement rendit un autre Arrêt le 6 Août, qui ordonnoit, du consentement desdits Particuliers, que dès-à-présent ladite Chapelle demeureroit pour secours aux Habitans dudit Faubourg, à la charge de faire par eux & à leurs frais dans un an le logement ordonné par l'Arrêt du 9 Août 1631.

Mr. Antoine Fayet étoit Chanoine de Paris, lorsque le 7 May 1633 intervint nouvel Arrêt avec le Curé & les Marguilliers de S. Paul, par lequel il fut ordonné que ledit Curé établiroit deux Prêtres & un Clerc qui seroient nourris & entretenus à ses dépens, à ceux des Marguilliers & de la Fabrique de la Chapelle de sainte Marguerite, par égale portion ; à cette fin lesdits Habitans, dans six mois feroient bâtir un logement commode pour loger les deux Prêtres &

le Clerc , & dès-à-préfent éliroient fix Perfonnes d'entr'eux pour faire une collecte de maifon en maifon , de ce que chacun defdits Habitans voudroient gratuitement contribuer pour ledit bâtiment & cimetiere , qu'il convenoit de faire proche ladite Chapelle ; & cependant logeroient les deux Prêtres & le Clerc en lieux voifins , commodes & honnêtes ; que pour ce qui concerne l'adminiftration des Sacremens , les Parties fe pourvoiroient devant M. l'Archevêque de Paris.

Tous ces Arrêts demeurerent fans exécution , les Habitans ayant fait fignifier , par Acte du 26 Septembre de ladite année 1633 , qu'ils renonçoient aux benefices dudit Arrêt , n'entendoient faire la dépenfe defdits bâtiments , nourriture & entretien , & requéroient l'execution pure & fimple de l'Arrêt du 26 Juillet 1629 , dont nous avons ci-devant parlé.

En 1634 , M. Antoine Fayet , Chanoine de l'Eglife de Paris & ancien Curé de S. Paul, préfenta Requête au Parlement ; elle contenoit que depuis plus de fept ans , *il avoit fait batir à fes frais & fur fon fonds une Chapelle pour lui fervir de fépulture & à ceux de fa Famille , hors la Porte Saint Antoine , fous l'invocation de Sainte*

---

* Ces trois expofés font faux.

Marguerite, que dans cette Chapelle les Habitans du Faubourg s'assembloient, & y faisoient célébrer le Service divin les Fêtes & Dimanches, à cause de l'éloignement de leur Eglise Paroissiale, &c. Sur cette Requête intervint un Arrêt le 4 Février de la même année, qui ordonna, vû la Requête & les Arrêts des 26 Juillet 1629, 9 Août 1631, 7 Août 1632, 7 May 1633, & l'Acte des Habitans du Faubourg Saint Antoine, en date du 26 Septembre 1633, tout consideré, que six mois après la signification desdits Arrêts, lesdits Habitans, Curé & Marguilliers de Saint Paul, satisferoient ausdits Arrêts, & à faute de ce faire, ledit tems passé, l'Arrêt du 26 Juillet 1629 seroit executé selon sa forme & teneur, & suivant icelui ladite Chapelle demeureroit simple Chapelle, & le Suppliant (le sieur Fayet) Patron & Fondateur d'icelle, conjointement avec ses Parens héritiers, tels qu'il les voudroit choisir, sans que lesdits Habitans, Curé & Marguilliers de S. Paul, ni autres y pussent prétendre & établir à l'avenir aucun secours, ni faire aucune fonction Curiale.

Peu de tems après cet Arrêt M. Antoine Fayet mourut ; par son Testament il dota la Chapelle sainte Marguerite ; il étoit alors Chanoine de l'Eglise Nôtre-Dame de Paris, & Chantre de celle de S. Maure-lès-Fossés : il avoit fait son Testament le 8 Février 1634, pardevant Vigeon & Duchêne Notaires à Paris, il est mort le lendemain 9 du même mois ; nous allons rapporter les dispositions de son Testament, qui regardent l'Eglise de sainte Marguerite.

M. Antoine Fayet ordonna par son Testament d'être inhumé dans la Chapelle de sainte Marguerite, en la cave & près le corps de feu M. le Président Fayet son frere.

Il légua par le même Testament à l'Eglise de sainte Marguerite une Chasuble, accompagnée de son étole, fanon & paremens d'aubes, deux Tuniques pareilles, le tout de toile d'or de Florence sur velours, sur lesquels ornemens étoient des Orfrois de toile d'or, ensemble six Aubes les plus communes, qui se trouveroient entre les siennes, & néanmoins pour conserver lesdits Ornemens & Aubes, il ordonna qu'ils seroient mis entre les mains de son Chapelain, ou de celui qui représenteroit sa Personne même (Antoine Fayet) après sa mort.

Il légua aussi par ledit Testament à la Chapelle sainte Marguerite, un Calice d'argent doré, pesant sept onces ou envi-

ron, qui étoit en sa possession, & trois
Orfrois pareils aux Ornemens ci-dessus
détaillés, & chargea ses Exécuteurs Tes-
tamentaires de les faire mettre sur damas
rouges à fond blanc, & le tout mettre
entre les mains du Chapelain, ou de celui
qui le réprésentera, comme dit est, pour
s'en servir quand ils verront être.

Il ordonna encore qu'à perpetuité il soit
fait priéres en ladite Chapelle de sainte
Marguerite qu'il a fait bâtir *sur son fond*
(fausse déclaration) *& à ses dépens* ; il
fonde un Chapelain en titre qui séra présenté à M. l'Archevêque de Paris, ou à
son grand Vicaire, ou autre ayant d'eux
pouvoir pour faire ladite priére, soit pour
lui-même & ses parens, & pour la pré-
miere nomination que le sieur Pierre Cer-
rier, s'il le survivoit, seroit présenté à M.
l'Archevêque de Paris, & pour la fondation dudit Chapelain, il donna & légua
deux piéces de terres, (elles n'étoient point
à lui, mais à l'Eglise & Cure de S. Paul)
l'une tenante d'un côté à ladite Chapelle
sainte Marguerite, & de l'autre côté à M.
Phelipeaux, & l'autre en triangle contenant cinq quartiers ou environ, tenant
de l'autre côté à ladite Chapelle de sainte
Marguerite, & lui assigna outre cela six-
vingt-livres tournois de rente, constituée
par Messieurs du Chapitre de S. Maur,

par contrat du 29 Juillet 1630, & ordonna que ladite rente ne pût être rache-
tée qu'ès mains de ses représentans, pour
être employée en autre fond.

Il donna encore pour la même Fondation dudit Chapelain de sainte Marguerite, vingt-cinq livres tournois de rente
constituée à lui-même par le Chapitre de
sainte Opportune de Paris, le 6 Décembre 1629, & quarante-huit livres un sol
six deniers tournois de rente à prendre sur
les Aydes, constituée le 3 Février 1562,
& vingt-cinq autres livres tournois de
rente, à prendre sur le Clergé de France,
constituée le 2 Janvier 1563, lesdites deux
dernieres rentes par lui acquises de M.
Pierre Monet, lesquelles rentes ne pou-
roient être rachetées qu'ès mains de ses ré-
présentans pour être employées en un autre
fond.

Il déclare par le même Testament, qu'en
vertu des Arrêts du Parlement par lui ob-
tenus, il lui a été permis de nommer,
choisir & élire un Successeur qui le repré-
sente au Patronage de la Chapelle de sainte
Marguerite; c'est pourquoi pour exécuter
ladite permission, il a nommé, choisi &
élu M. Jean-Jacques de Brillon, Seigneur
de Châtillon, Conseiller du Roy au Parlement & Président aux Enquêtes, Epoux
de Dame Donne Fayet sa niéce, &

qu'après le décès dudit sieur Président , soit qu'il laisse des enfans ou non , l'aîné mâle portant le nom de Fayet & le plus proche de ses parens , après le décès de son plus proche parent , l'aîné de ses enfans mâles , & si ledit aîné dudit plus proche parent décedé sans enfans mâles , le patronage appartiendra au second fils dudit nom de Fayet , ainsi successivement de mâle en mâle du nom , ou s'il y avoit défaut de mâle dudit nom de Fayet en toutes ces lignées , en ce cas & non autrement , ledit Patronage appartiendra à la femelle dudit nom de Fayet qui se trouvera sa plus proche parente de toutes celles qui porteront le nom de Fayet , & qu'après le décès de sa plus proche parente , aux enfans mâles d'elles successivement , & l'un après le décès de l'autre , & au défaut de mâle , aux filles de sadite plus proche parente , aussi successivement ; & au défaut de sadite plus proche parente , ledit Patronage appartiendra aux autres Familles , aussi du nom de Fayet , qui sera en pareil degré que la défunte , ou qui sera la plus proche après elle , & voulut que lesdits susnommés & élûs lui succedent audit Patronage successivement.

Ensuite le sieur Antoine Fayet légua & donna trois cens livres tournois de rente , à prendre sur la rente à lui constituée par

l'Hôtel-de-Ville de Paris, le 23 Janvier
1634, qui appartiendra à celui ou à celle
qui aura ledit Patronage, pour en jouir
chacun d'eux ou d'elles, leur vie durante
seulement, & ce, pour les faire ressouve-
nir du soin tout particulier qu'il a eu de
ladite Chapelle, *comme l'ayant fondée,
construite & édifiée à ses frais & dépens, comme l'ayant élû pour sa sepulture & déstinée
pour celle de la Famille des Fayets,* & qui
en porteront le nom ; ce que feu son frere
Olivier Fayet, Conseiller du Roy en ses
Conseils & en sa Cour de Parlement, &
Président aux Enquêtes, son frere aîné, a
approuvé, & voulu y être inhumé, ainsi
qu'il a été executé.

M. Antoine Fayet par sondit Testament veut & ordonne aussi, que lesdits
Patrons successivement, ayent soin de
ladite Chapelle de sainte Marguerite, &
qu'elle soit entretenue de réparations né-
cessaires, & qu'ils ne fassent point difficulté d'y employer partie dudit revenu desdits 300 liv. tournois de rente, qu'il leur
lègue, si besoin est, en qualité de Patrons
successivement, comme il le dit ci-dessus,

* Ces énoncés sont faux, & se prouvent tels
par les deux Actes de donations, & par le contrat
de vente dans lesquels on voit que ce fonds appartient à la Cure de S. Paul, conjointement
avec les Habitans du Faubourg.

Il nomma pour ſes Executeurs-Teſtamentaires, M. Etienne Tonnelier, Docteur en Theologie, Curé de l'Egliſe de S. Euſtache ; M. le Préſident Barillon ; M. René Almetas, Conſeiller d'Etat & Maître des Comptes.

M. Antoine Fayet * fut enterré, ſuivant ſon déſir, dans l'Egliſe de ſainte Marguerite, où l'on voyoit ſon Tombeau élevé de terre, en marbre noir, ſans aucune inſcription, ſoûtenu par quatre petits Anges de marbre blanc, entiérement nuds ; à cauſe de leur figure obſcêne, ils ont été par la ſuite enterrés, ainſi que le Tombeau, qui ſe trouve couvert de plus de deux pieds de terre dans le Chœur de la nouvelle Egliſe, queM. Goy a commencé de faire bâtir l'an dernier 1737, ſur le deſſein & la conduite

* Antoine Fayet fut Curé de S. Paul ; pendant plus de 30 ans, il a introduit dans ladite Egliſe la muſique & fondé huit Enfans de chœur le 22 Février 1627, il leur donna 2000 liv. de rente ſur l'Hôtel-de-Ville, & le 20 Mars ſuivant 400 liv. de rente ſur le Grenier à Sel, [dont il ſe réſerve l'uſufruit ſa vie durante], aux charges qu'ils ſoient nourris, entretenus, logés & inſtruits dans la Grammaire, l'Ecriture & la Muſique : il a auſſi fondé ſix Bourſiers au College de Navarre, & a donné audit College par ſon Teſtament 120 l. une fois payées, à la charge audit College de fournir tous les ans vingt livres de chandelles aux ſix Bourſiers de ſa Fondation.

de M. l'Epée, Architecte de Paris, qui en a fait l'entreprise, & à laquelle M. de Vintimille des Comtes du Luc, Archevê-que de Paris, a posé la premiere pierre.

On en trouve ailleurs une inscription, mais on ne sçait si ce fut du vivant ou après la mort de M. Antoine Fayet que cette inscription qu'on voit aujourd'hui attachée à un des Pilliers de la grande Œuvre, vis-à-vis la Chaire, fut mise; quoi qu'il en soit, en voici la copie Latine conforme à l'original, avec la Traduction.

INSCRIPTION LATINE,
traduite en François.

Regnante Ludovico **XIII.** *Justo, hanc Sacram Ædem Anton. Fayetius Ecclesiæ Sancti Pauli Rector à fundamentis extruxit.*

„ Du Regne de Louis XIII. surnom-
„ mé le Juste, Antoine Fayet Curé de
„ Saint Paul, a fait bâtir cette Eglise de
„ fond en comble. "

Quoique cette inscription ne porte point de date, de mois ni d'année, il paroît cependant qu'elle y a été posée lors-que M. Fayet étoit encore Curé de Saint Paul; autrement on auroit dit qu'il étoit Chanoine de Paris, & ancien Curé de
Saint

Saint Paul : quoi qu'il en foit, on fe fert aujourd'huý de cette infcription pour approuver le prétendu titre de la famille des Fayet, quelle foy peut-on ajoûter à un tel titre? qui ne conftate rien de favorable pour les Fayet, puifqu'elle ne dit point que le fieur Antoine Fayet ait fait bâtir cette Eglife à fes frais & dépens & dans fon propre fonds ; fi la chofe eût été vraye, on n'eût pas manqué de l'y mettre auffi-bien que l'an & le mois qu'elle fut commencée & finie d'ètre bâtie ; ainfi il faut plûtôt dire, que cette Infcription fut mife là pour rémémorer que M. Antoine Fayet fe feroit bien voulu charger, de la part des Habitans du Faubourg S. Antoine, de prendre le foin de faire bâtir cette Eglife ; mais non pas pour qu'il en prît le titre de Patron, quoiqu'il eût été chargé du foin de la faire bâtir : enfin peu après fa mort l'Eglife de Sainte Marguerite fut érigée en Titre de bénéfice par M. de Gondy, Archevêque de Paris, mais avec bien de la peine, car il l'avoit refufé, & fuivant toutes les apparences, il n'y a confenti que par la crainte d'un Arrêt qui l'y auroit forcé.

Dans le Titre de cette érection, cet Archevêque femble reconnoître que M. Antoine Fayet, fans y joindre les Habitans, a bâti cette Chapelle à fes frais & fur fon

F

propre fonds, ce qui eſt contradictoire à la permiſſion que le même Archevêque donna de bâtir cette Chapelle le 31 Janvier 1625 ; mais vers la fin de ce Titre, il dit que cette Chapelle a été bâtie pour la commodité des Habitans du Faubourg, dont le nombre groſſiſſoit tous les jours, & qui étoient trop éloignés de Saint Paul leur Paroiſſe ; ce qui fait voir que par cette érection l'Archevêque ne penſoit pas à renoncer à un droit qu'il auroit bien fait valoir s'il eût été alors queſtion d'ériger une Cure.

Dès que cette Chapelle fut érigée en Titre de bénéfice, les Curés de la Paroiſſe de Saint Paul prirent la qualité de Curé de Saint Paul & de Sainte Marguerite leur annexe, & commencerent par établir à l'Egliſe de Sainte Marguerite un Marguillier chaque année pour adminiſtrer les deniers de cette Fabrique.

L'an 1636. Nicolas Mazure ayant ſuccedé à Guillaume Mazure ſon frere dans la Cure de S. Paul, qui avoit été fait Curé de S. Paul après M. Larchier, Succeſſeur de M. Antoine Fayet dans ladite Cure, permit d'enterrer les morts du Faubourg S. Antoine à l'Egliſe de ſainte Marguerite, ce qu'on commença de faire le premier Janvier 1637, il n'y avoit point eû juſqu'alors de Sacriſtie à cette Egliſe;

ni de bâtiment pour loger les Ecclefiafti-
ques qui défervoient cette Eglife Succurfale, les Marguilliers firent bâtir cette année une Sacriftie fans aucune chambre au-
deffus, attenant l'Eglife à gauche, & firent
commencer à droite à quelque diftance au-
deffous de ladite Chapelle, une maifon
Presbyterale de deux étages, avec trois
chambres à chaque étage, qui ne furent
achevés que l'année 1638; & comme un
Marguillier feul avoit trop d'occupation
pour la fabrique de cette Eglife, on en
mit deux en l'année 1657, ce qui a toûjours continué depuis.

M. Antoine Fayet, par fon Teftament
en datte du 8 Février 1634, avoit laiffé
trois cens livres tournois de rente à ceux
qui répréfenteroient fa perfonne après fa
mort, à condition d'entretenir & de répa-
rer l'Eglife de fainte Marguerite : on n'a
jamais vû cependant qu'aucun de cette
famille ait fait la moindre réparation à
cette Eglife, au contraire ils n'ont toûjours cherché que les occafions de s'appro-
prier ce qui appartenoit à ladite Eglife de
fainte Marguerite ; car on voit que la famille des Fayet, de concert avec Mathias
Demême, fieur de Patienne, leur Chapelain en l'Eglife fainte Marguerite, s'eft
émancipé à donner à rente deux piéces de
terre appartenantes & attenant l'Eglife

F ij

de sainte Marguerite, sur lesquelles terres
M. Bertrand de Champflour qui les avoit
prises à rente, avoit fait bâtir une maison, au préjudice des deffenses de M. le
Lieutenant Civil, qui lui avoient été si-
gnifiées en Décembre 1642, & autres empêchemens à lui signifiés de la part de M.
Nicolas Mazure, Curé de S. Paul, en
qualité de Curé Successeur de M. Antoine
Fayet en ladite Cure ; le sieur de Champflour déceda pendant le cours de cette procedure, & la maison dont est question
fut vendue au sieur Loron, Bourgeois de
Paris, par M. Ferret & Demoiselle Seguin, ses héritiers, le contrat en fut passé
chez Billard & son Confrere Notaires, le
16 Janvier 1660. M. Mazure ne cessa de
poursuivre le recouvrement desdites deux
piéces de terre, pour son Eglise de sainte
Marguerite ; M. Nicolas Fayet, Conseiller au Parlement, intervint dans ce procès, tant en qualité de Patron, soit disant
fondateur de l'Eglise de sainte Marguerite,
que prenant le fait & cause du sieur Martin
Cottereau, alors son Chapelain en ladite
Eglise de sainte Marguerite, qui prétendoit que lesdites deux piéces de terre lui
appartenoient, en conséquence de la donation qu'en avoit fait au Chapelain de
ladite Chapelle, le sieur Antoine Fayet
par son Testament du 8 Février 1634.

Ces differentes conteſtations furent termi-
nées par un Arrêt du grand Conſeil du 29
Avril 1661, qui remit les Parties en l'é-
tat qu'elles étoient auparavant les Arrêts
du Parlement de Paris de 1629 & autres
ſuivans. Le ſieur Mazure, Curé de S. Paul,
fut maintenu & gardé audit nom de Curé,
en la poſſeſſion & joüiſſance deſdites deux
piéces de terre, près & attenant ladite
Chapelle de ſainte Marguerite, & les
Parties furent miſes hors de cours & de
procès.

En vertu de cet Arrêt le ſieur Mazure
Curé de ſaint Paul, fit ſignifier par Exploit
du 2 May ſuivant, au Poſſeſſeur (le ſieur
Guenoys Procureur en Parlement, qui l'a-
voit achetée ſous le nom de Loron, & en
avoit ſa déclaration) de ladite maiſon, de
la faire abattre ainſi que le mur de clôture,
qui avoit été bâti par led. ſieur de Champflour ſur partie deſdites deux piéces de terre, & ce en la longueur de douze toiſes de
long ſur ſept pieds de large, & qu'ils euſ-
ſent à lui remettre en l'état qu'elle étoit,
lorſque ledit ſieur de Champflour s'en étoit
emparé, & d'en payer les années & revenus depuis l'an 1642 qu'il s'en étoit mis en
poſſeſſion, juſqu'au jour que ladite terre lui
ſeroit renduë en bonne valeur, ſuivant l'eſ-
timation qui en ſeroit faite par Experts.

Par cette conteſtation les Parties étoient

prêtes d'entrer dans un grand Procès ; mais l'une & l'autre par l'avis de leur Conseil paſſerent une Tranſaction qui termina tous leurs differends. Elle eſt datée du 24 Octobre 1661 : elle eſt paſſée chez Lebret & de Monhenault ſon Confrere Notaires à Paris : elle eſt conçûë en la forme qui ſuit.

» C'eſt à ſçavoir que ledit ſieur Curé de » S. Paul, tant pour lui que pour ſes ſuccef- » ſeurs Curés de lad. Egliſe, a par ces Pré- » ſentes délaiſſé & abandonné audit ſieur » Guenoys, pour lui, ſes hoirs & ayans » cauſe à l'avenir, leſdites douze toiſes de » terre de long ſur ſept pieds de large ci- » deſſus mentionnés, ſur leſquels partie de », la petite maiſon & clôture de ſon jardin » ſont bâtis, même remis & quitté auf- » dits ſieur Feret & Demoiſelle Seguin » & à icelui Guenoys les loyers & reve- », nus deſdites douze toiſes de terre échûs » depuis ladite année 1642 juſques à pre- » ſent ; enſemble tous les frais & dépens » qu'il avoit pû prétendre & demander à » l'encontre d'eux pour raiſon de ce, de » tout le paſſé juſqu'à ce jour ; comme auf- » ſi conſenti & accordé, conſent & ac- » corde par ces Préſentes, que la porte & » vûës qui ſont en ladite maiſon y demeu- » rent à toûjours, ſans que ledit ſieur » Curé ni ſes ſucceſſeurs les puiſſent faire » ôten ni boucher, avec liberté audit ſieur » Guenoys, ſes hoirs & ayans cauſe de

» faire faire telles autres ouvertures & vûës
» sur la face de son heritage que bon leur
» semblera, & en cas seulement qu'il s'y
» fasse une ruë publique, pour audit cas
» avoir à toûjours l'usage & passage libre
» dans ces ruës faites ou à faire au devant
» de ladite maison & heritages ; & s'il ne
» s'y fait point de ruë, ledit Guenoys aura
» la liberté entiere de sa porte pour entrer
» & sortir d'icelle dans la ruë & devant la-
» dite Eglise sainte Marguerite ; ensemble
» des vûës qui sont présentement audit bâ-
» timent, lesquelles ledit Guenoys pourra
» faire changer de lieu à autre, si bon lui
» semble, dans ledit corps de logis bâti :
» comme aussi ledit sieur Guenoys pourra
» faire faire telles vûës que bon lui sem-
» blera, pour le surplus de la face de son
» heritage, en cas toutefois qu'il s'y fasse
» une ruë, & non autrement, & n'y en
» ayant point, le bâtiment nouveau qu'i-
» celui sieur Guenoys pourra faire faire sur
» ledit surplus de face ne sera point percé
» ni aucune ouverture de fenêtre faite du
» côté dudit sieur Curé de saint Paul, &
» outre moyennant la somme de 800 liv.
» & à laquelle lesdits sieur Curé de S. Paul
» Feret, & Demoiselle Seguin, & ledit
» Guenoys ont composé ensemblement
» pour la valeur desd. *douze toises de terre,*
» ainsi que dit est, loyers d'icelle, frais

» & dépens, porte & vûës, laquelle dite
» somme a été préfentement payée audit
» fieur Curé de faint Paul ; fçavoir, qua-
» tre cens livres par lefdits fieur Feret &
» Demoifelle Seguin, & pareils quatre
» cens livres par ledit Guenoys, que d'eux
» a confeffé l'avoir reçûë, préfens les No-
» taires fouffignés, en Loüis d'or, Loüis
» d'argent & monnoye ayant cours, dont
» quittance, & pour la plus grande fûreté
» du fufdit payement, ledit fieur Curé
» promet & s'oblige d'employer lefd. huit
» cens livres au payement des Maçons &
» Ouvriers qui feront la clôture defdites
» deux piéces de terre que ledit fieur Cu-
» ré de faint Paul eft en terme de faire,
» dont il promet & s'oblige de leur four-
» nir quittance defdits Ouvriers, dans
» trois mois prochains, jufques à concur-
» rence defdites huit cens livres, portant
» déclaration que le payement leur aura
» été fait defdits deniers, afin qu'ils
» demeurent fubrogés au lieu & place def-
» dits Ouvriers ; & moyennant ce que def-
» fus, ledit fieur Curé de faint Paul a con-
» fenti que l'Inftance par lui intentée con-
» tre ledit Guenoys, pour raifon de ce que
» deffus, foit & demeure nulle ; comme auf-
» fi icelui fieur Guenoys a confenti que
» l'Inftance de Sommation qu'il avoit in-
» tentée contre ledit fieur Ferret & De-

» moiſelle Seguin , demeure pareillement
» nulle ſans aucuns dépens, dommages
» & interêts à prétendre de part ni
» d'autre, ni repetition des ſommes par
» eux payées audit ſieur Curé de S. Paul ;
» car ainſi a été convenu & accordé entre
,, leſdites Parties, &c. ``

On voit par cet Arrêt auſſi-bien que par
la Tranſaction qu'on vient de rapporter ,
que le fonds où eſt bâtie l'Egliſe de ſainte
Marguerite appartient à la Cure de ſaint
Paul ; & la choſe eſt ſi conſtante , que
cette Tranſaction ayant été produite contre les Héritiers Fayet, ils furent entierement démontés, & ne purent que répon-
dre ; c'eſt ce qui donna lieu à M. le Cardinal de Noailles d'obtenir un Arrêt contre
eux en 1715, dont nous parlerons ci-après.

Cependant les Curés de Saint Paul ne
ſe ſont jamais attribué le Titre de Patron
& de Fondateur de la Chapelle de Sainte
Marguerite , quoiqu'ils ſemblent auſſi
bien & peut-être mieux fondés que les
Parens & Héritiers de M. Antoine Fayet,
puiſque les deux Donations lui ont été
faites, & en ſa perſonne & à ſes Succeſſeurs
dans la Cure ; les Habitans en ont même
été ſi perſuadés, qu'ils n'ont jamais reconnu
d'autre Fondateur de cette Chapelle que
M. Jean de Vitry Seigneur de Reüilly ,
par qui la terre où elle eſt bâtie, a été

donnée, & non le sieur Antoine Fayet; la chose est si constante, que quoique l'Eglise Sainte Marguerite conserve son corps, elle ne reconnoît néanmoins point d'autre Fondateur que le sieur de Vitry Seigneur de Reüilly, pour qui la Fabrique de cette Eglise fait dire tous les ans un Service le 8 ou le 10 Mars, afin d'éterniser son zele, & pour lui en marquer sa juste reconnoissance.

Environ deux ans après, M. Nicolas Mazure Curé de S. Paul, permit aussi d'ériger des Fonds Baptismaux, & d'administrer les Sacremens dans l'Eglise de Sainte Marguerite, & dans le Faubourg S. Antoine; les Marguilliers de ladite Eglise & Habitans de ce Faubourg, pour éterniser cette permission, & pour la perpétuer à leur posterité, firent graver cette inscription sur marbre noir en lettres d'or, qu'ils firent attacher dans l'enceinte des Fonds Baptismaux, & où on la voit aujourd'hui au-dessus de l'armoire qui renferme les minutes des Mariages & Baptêmes qui se font en cette Eglise, dont voici la copie prise sur l'original.

INSCRIPTION.

A la plus grande Gloire de Dieu.

Messire Nicolas Mazure, Prêtre,

» Docteur en Théologie, de la Maison de
» Sorbonne, Conseiller du Roy en ses
» Conseils, Curé de l'Eglise Paroissiale
» de S. Paul, & de cette Eglise de Sainte
» Marguerite Succursale dudit S. Paul,
» ayant accordé la permission aux Mar-
» guilliers de cette Eglise, & aux Ha-
» bitans hors la Porte S. Antoine, de
» faire construire des Fonds Baptismaux
» en cette Eglise, il fit la cérémonie de
» la premiere pierre, qui fut posée le Mar-
» dy huit May 1663, par Messire Laurent
» de Stouay Mollondin Bourgeois, & du
» Grand Conseil de la Ville & Canton
» de Soulleure, Suisse, Colonel du Régi-
» ment des Gardes Suisses, & Grisons
» pour Sa Majesté Très-Chrétienne, &
» fit la premiere bénédiction desdits
» Fonds, le Samedy devant la Pentecôte
» de ladite année, étans Marguilliers en
» Charge de cette Eglise, Claude Ma-
» çon, Jacques Hemar Maistre Jardinier,
» Louis de Boulogne Peintre ordinaire
» du Roy, & Professeur en son Acade-
» mie Royale, & Michel de Brie Maçon,
» tous Bourgeois de Paris, & lesdits Fonds
» ont été donnés par le sieur Nicolas
» Loroux Bourgeois de Paris. «

L'Eglise de Sainte Marguerite fut considérablement augmentée en 1668 par les
soins des Marguilliers qui y firent élever

une grande Salle pour leurs assemblées : en 1669, ils firent construire au-dessus de cette Salle joignant l'ancien bâtiment, un logement pour le Vicaire, & deux Chambres sur la Sacristie ; la même année ils augmenterent cette Chapelle de deux bas côtés de sept toises de long, depuis la croisée jusqu'en bas de la nef, qui avoit été faite en 1625, & augmenterent encore après cela de sept autres toises de long, tout le corps de l'Eglise, tant de la nef que des bas côtés, & firent faire en même tems le grand Portail, tel qu'on le voit à-présent dans ce qui en reste : en 1670, ils firent faire le grand Autel du Chœur, le Jubé du bout de l'Eglise, l'Orgue, l'Horloge, la Chaire du Prédicateur & la grande Œuvre.

Dans la suite le Faubourg S. Antoine s'augmenta si considérablement par le nombre prodigieux de maisons qui s'y sont bâties, tant à cause du bon air, qu'à cause des privileges dont y joüissent tous les Artisans & Gens de métier, que M. le Procureur General jugea convenable d'y établir des Commissaires des Pauvres, comme il y en avoit dans les autres Paroisses de Paris ; le premier qui fut nommé commença d'exercer cette fonction en l'année 1687, ce qui a toûjours continué depuis.

Les

Les Marguilliers de l'Eglise Paroissiale de ce Faubourg firent bâtir en 1703, à la suite de la croisée qui est à gauche en entrant par le grand portail de l'Eglise de sainte Marguerite, la grande Chapelle de la Communion de quatre toises de large sur sept toises de long, le tout dans œuvre. M. Gilles le Sourd, Docteur en Théologie, Curé de S. Paul, posa la premiere pierre de cette Chapelle ; dès qu'elle fut achevée, en fit la bénédiction, sous le titre de S. Pierre & S. Paul, & en même tems benit tout le Cimetiere de ladite Chapelle ; cette Chapelle de la Communion fut ornée d'un bel Autel l'an passé, par M. Goy, Curé de cette Eglise, il y a mis un rétable d'Autel & un Tabernacle, qui, quoique peints & figurés en bleu, méritent attention pour la beauté de son execution ; c'est l'ouvrage du fameux M. de Boulogne Peintre du Roy, dont la fille est Religieuse à la Madeleine de Tresnel.

A l'occasion du prétendu droit de Patronage de la Famille des Fayets, nous dirons que les Marguilliers de l'Eglise de sainte Marguerite ayant fait refondre une de leurs grosses cloches, Messire Louis Fayet en fut le Parein, & prit le titre de Fondateur de cette Eglise ; ce que l'on peut justifier par l'inscription qui se lit encore aujourd'hui autour de cette cloche, dont voici la teneur.

J'ai été faite en 1706, & nommée Marie-Louise, par Mssire Louis Fayet, Seigneur de Piscop, Groslay, Marchais & autres lieux, Conseiller du Roy en ses Conseils, & en la Grand'Chambre de son Parlement, Fondateur de cette Eglise.

Depuis très-long tems les Marguilliers de l'Eglise sainte Marguerite, cherchoient l'occasion & avoient fait plusieurs tentatives auprès des Archevêques de Paris, pour faire ériger leur Eglise de sainte Marguerite, en titre de Cure, Eglise Paroissiale en chef, & entiérement separée de celle de S. Paul ; elles furent toûjours inutiles, à cause des oppositions que faisoient les Curés de S. Paul : enfin les Marguilliers de sainte Marguerite, s'étant avisés de faire un dénombrement des Habitans du Faubourg S. Antoine, ils trouverent qu'il montoit à quarante mille Communians ; l'année suivante 1711, la Cure de Saint Paul se trouvant vacante par le décès de M. Gilles le Sourd, arrivé le 2 Janvier de la susdite année, ils crurent devoir se servir de cette occasion que la Providence leur donnoit, pour faire réussir cette entreprise & profiter de ce moment, qui leur étoit si précieux ; les Anciens & ceux en Charge, présenterent conjointement une Requête à Monſeigneur le Cardinal de Noailles, alors Archevêque de Paris, à ce qu'il lui plût ériger leur Egliſe de ſainte Marguerite en titre de bénéfice, Cure en chef & indépendante de celle de S. Paul ; l'examen de cette Requête ayant été renvoyé à M. Dorſanne Chanoine de l'Egliſe de Paris & ſon Official, l'affaire inſtruite juridiquement & ſur les concluſions diffinitives de M. Charpentier, Vice-Promoteur Général, Monſeigneur le Cardinal de Noailles fit un décret en datte du premier Décembre 1712, par lequel il ſépara tout le Faubourg S. Antoine de la Paroiſſe de S. Paul, & érigea l'Egliſe de ſainte Marguerite, ci-devant annexée & Succurſale de S. Paul, en titre de bénéfice, Cure & Egliſe Paroiſſiale en chef, ſous les nom & invocation de ſainte Marguerite, à laquelle il aſſigna pour territoire tout le Faubourg Saint Antoine, depuis la Porte de ce nom, juſques par delà Picpuſe de ce côté ; & de l'autre depuis le petit Bercy * & la grande & petite Vallée de Fécamps de ce côté, aux environs du Parc & du Château de Vin-

---

* Le Village de Bercy étoit autrefois de Saint Paul, le Curé du Bourg de Conflans du tems de M. le Préſident le Jay, voulut le diſtraire de cette Paroiſſe, & obtint que le grand Bercy ſeroit réuni à la Cure de Conflans, & que le petit Bercy reſteroit à l'Egliſe de Saint Paul.

cennes * jufqu'à Mont-Louis : en un mot, tout ce qui étoit alors de S. Paul au-delà de la Porte Saint Antoine, & des murs de la Ville.

Par le même Decret, M. le Cardinal de Noailles confera & donna de plein droit cette nouvelle Eglife Paroiffiale, au Sieur Jean-Baptifte Goy fon Promoteur Général, qui en prit poffeffion le Jeudy 12 Janvier de l'année fuivante 1713. Le même Decret réfervoit au fieur Fayet & à fes Succeffeurs le droit de nommer à la Chapelle fondée par le Teftament du fieur Fayet, & deffervie en ladite Eglife de fainte Marguerite ; il ordonnoit encore que vacance arrivant ci-après de ladite Cure de fainte Marguerite, la Collation, Provifion & toute autre difpofition d'icelle, demeureroient & appartiendroient de plein droit à fadite Eminence & à fes Succeffeurs Archevêques de Paris, & qu'en conféquence de la déliberation que les Marguilliers de cette Eglife avoient faite le 7 Août précédent, ils fourniroient aux dépens de la Fabrique de la nouvelle Eglife de fainte Marguerite, un logement

* Cinq ou fix cens arpens de terre du côté de Vincennes dépendoient autrefois de la Paroiffe de Saint Paul ; mais une partie s'étant trouvée renfermée dans le Parc de ce Château, le refte fut fouftrait de Saint Paul pour en faire partie du territoire de la Cure de ce lieu.

convenable pour vingt Prêtres, qui desser-
viroient cette nouvelle Cure, du nombre
desquels seroient les Vicaire & Sous-Vi-
caire; qu'ils rendroient tous les ans aux
dépens de la Fabrique de sainte Marguerite, le Pain - béni à Saint Paul, le
Dimanche dans l'Octave de ce Saint
Apôtre; & qu'en outre, suivant leur déliberation du 27 Octobre précédent, ils
donneroient tous les ans par forme de
reconnoissance, tant pour eux que pour
leurs Successeurs, dix livres au Curé de
ladite Eglise, & autant à la Fabrique :
enfin que pour conserver encore à l'avenir
à ladite Eglise de S. Paul quelques mar-
ques de la superiorité qu'elle avoit eû jusqu'alors sur celle de sainte Marguerite, *
ledit Curé de Saint Paul, en personne,
& non autrement, viendroit en Procession avec tout son Clergé, le jour de
Sainte Marguerite, pour y faire l'Office,
y exercer les fonctions Curiales, & partager avec le Curé de la nouvelle Paroisse
les offrandes & les honoraires. C'est aussi

* Pendant tout le tems que ladite Eglise de
sainte Marguerite n'a été que Succursale, le Curé
de S. Paul, & son Clergé venoient en procession
tous les ans chanter les premieres Vêpres la
veille de sainte Marguerite, & le lendemain
jour de la Fête, la Messe de Paroisse & les se-
condes Vêpres.

pour en rappeller & en conferver la mémoire à la poſterité, que M. le Curé de Saint Paul d'aujourd'hui y fut l'an dernier 1737, le 20 Juillet jour de la Fête de Sainte Marguerite, perſonnellement avec ſon Clergé pour la premiere fois, & y fit toutes les fonctions Curiales.

Le Decret d'érection fut confirmé par Lettres Patentes du mois de Fevrier 1713. S. A. S. Madame de Bourbon, Abbeſſe de S. Antoine aujourd'hui, ayant toujours les vûes des Dames Abbeſſes qui l'ont précedé, dont nous avons parlé, s'eſt oppoſée à l'enterinement de ces Lettres, fondée ſur ce que la Chapelle de S. Pierre, Paroiſſe de l'enclos de ſon Abbaye, étoit non-ſeulement la plus ancienne Egliſe, & la ſeule qui juſqu'alors ait porté le titre de Cure dans le Faubourg de S. Antoine; elle prétendoit encore qu'elle avoit été érigée en titre de Benefice, Cure & Egliſe Paroiſſiale en chef de tout ce Faubourg. En 1737 S. A. S. a été deboutée par deffaut de ſes prétentions; & quoique depuis elle ait réfléchi que ſi ſa Chapelle de Saint Pierre étoit érigée en Paroiſſe, les Religieux de Cîteaux s'en empareroient, & qu'elle n'en feroit plus la maîtreſſe, ainſi qu'elle & ſa Communauté en pourroient être gênées, l'affaire n'en eſt pas moins reſtée pendante au Parlement ſur ſon oppoſition.

L'on diftinguoit dans ces Lettres Patentes , la Chapelle de Sainte Marguerite d'avec la Cure , & l'on réfervoit au
Sieur Fayet la Nomination du Chapelain fondé par M. Antoine Fayet , tan-
dis que les collation & difpofition de la
Cure étoient déferées aux Archevêques
de Paris.

Cet évenement fut marqué par une
nouvelle Infcription en Lettres d'or , fur
un marbre noir qui fe voit au pillier de la
Chaire , & dont voici le contenu copié
fur l'original.

INSCRIPTION.

Dù Regne de LOUIS XIV.

Cette Eglife a été érigée en Cure
le premier Decembre 1712 ,

Par Monfeigneur le Cardinal de Noailles , Archevêque de Paris , Duc de Saint
Cloud , Pair de France , Commandeur
de l'Ordre du Saint-Efprit.

Son Eminence a nommé :
» Meffire Jean-Baptifte Goy , Docteur
» de Sorbone , fon Promoteur Général ,
» Curé de Sainte Marguerite , Pafteur
» digne de conduire un auffi grand Trou-
» peau , qui étoit d'environ quarante mille
» ames.

„ Cette érection a été faite par les
„ remontrances & les supplications de
„ Messieurs les Marguilliers, pendant un
„ grand nombre d'années : les quatre qui
„ étoient en Charge lors de ladite érec-
„ tion, étoient Messieurs Etienne Goul-
„ lard, Pierre Burreau, Michel Bouche-
„ rat, Charles Damera. "

Cette Inscription a été mise ici le 8 Avril
1713.

Pour revenir au Decret d'érection de
l'Eglise Sainte Marguerite en Paroisse, la
distinction qu'on y faisoit de la Chapelle
& de la Cure, donna lieu au Sieur Louis
Fayet, Comte de Serris, Seigneur
de Piscop & Groslay, Conseiller Honoraire de la Grand'Chambre du Parlement
de Paris, de s'opposer à ce Decret : Il lui
parut que ses prétentions y étoient bles-
sées ; c'est pourquoi comme Successeur &
représentant la personne de M. Antoine
Fayet, Fondateur (soi disant) de la Chapelle Sainte Marguerite, il interjetta Appel comme d'abus du Decret, fondé sur
ce qu'il y étoit dit, qu'il n'auroit que la
nomination de la Chapelle dotée en ladite Eglise par le Testament de M. Antoine Fayet, & que la collation de la Cure
appartiendroit à l'Archevêque de Paris,
& à ses successeurs.

A cette inftance qui fut portée en la Grand'Chambre, & y fut pendante pendant plus d'un an , fe joignit celle qui regardoit le partage des biens & fondations des deux Compagnies de Charité de la paroiffe de S. Paul , aufquelles les Curé & Marguilliers de fainte Marguerite prétendoient avoir part au *prorata*, du nombre des Pauvres, dont leur nouvelle Paroiffe de fainte Marguerite fe trouvoit chargée , & celle de S. Paul déchargée , attendu que lefdits biens avoient été donnés pour tous les pauvres de la paroiffe de S. Paul , du nombre defquels étoient ceux du Faubourg S. Antoine, avant l'éréction de l'Eglife de fainte-Marguerite en Cure & Paroiffe : après plufieurs plaidoiries de part & d'autre, intervint Arrêt en datte du 3 May 1714, par lequel ledit Sieur Fayet & fes Succeffeurs furent déclarés Patrons & Collateurs de la Cure de fainte Marguerite, que neanmoins ledit fieur Fayet n'ayant préfenté perfonne à ladite Cure, dans le tems prefcrit par les Ordonnances , ledit fieur Jean-Baptifte Goy, nommé par M. l'Archevêque de Paris, en demeureroit paifible poffeffeur , & quant à l'article concernant le partage des biens & fondations de la Charité de S. Paul, la Cour ordonnoit qu'avant faire droit fur les demandes des Curé & Marguilliers de la Paroiſſe de ſainte Marguerite, les Curé & Marguilliers de S. Paul met-troient reſpectivement entre les mains de M. l'Archevêque de Paris, tous les titres de fondations d'aumônes & piéces juſti-ficatives des charges, dont peuvent être chargées leſdites fondations, pour ſon avis ſur ce porté être homologué en la Cour.

A peine cet Arrêt qui déclaroit le ſieur Fayet & ſes Succeſſeurs Patrons & Colla-teurs de la Cure de Sainte Marguerite eut-il été prononcé, que l'on s'apperçut qu'on s'étoit trompé dans la procedure de cette affaire, qu'on n'avoit pas eu juſqu'alors une connoiſſance veritable du fait, ayant ſuppoſé que le terrain ſur lequel l'Egliſe de ſainte Marguerite avoit été bâtie, étoit celui qui avoit été donné par le Roy, dont nous avons parlé ci-deſſus, & qu'on igno-roit auſſi que le droit avoit déja été jugé par un Arrêt du grand Conſeil dont nous avons auſſi parlé & que par conſequent la cauſe de l'Egliſe de ſainte Marguerite n'a-voit pas été défendue comme elle le devoit être, c'eſt ce qui détermina M. le Cardi-nal de Noailles à revenir contre cet Arrêt par Requête Civile; le Procès fut inſ-truit de nouveau, & cette affaire exami-née avec tant d'attention, joint à ce que ce Prélat produiſit un titre que M. Pail-

lot ancien Marguillier de cette Eglise garde
encore aujourd'hui, par lequel il juſtifie
que le fonds ſur lequel eſt bâtie la Chapelle
de ſainte Marguerite n'a jamais appartenu
aux Fayets, que cette Chapelle n'a jamais
été bâtie pour être la ſépulture de cette famille ; ce ſeul titre déconcerta les Fayets,
car ſur ſa production & l'examen du Procès qu'on vient de parler, M. le Cardinal
obtint en 1715 un Arrêt qui les remit au
même état où ils étoient en 1629 ; cet Arrêt fut conforme en cela à celui du Grand
Conſeil du 20 Avril 1661.

L'Arrêt du 3 May 1714, qui portoit,
comme il a été dit, que les Curé & Marguilliers de ſaint Paul mettroient entre
les mains de M. l'Archevêque de Paris, tous
leurs titres de fondations d'aumônes, &
pour ſon avis ſur ce porté être homologué
en la Cour, ayant été remis entre les mains
de ſon Eminence par les Curé & Marguilliers de ſainte Marguerite ſtipulans
pour les pauvres de leur Paroiſſe, ainſi que
les Curé & Marguilliers de ſaint Paul, l'é-
tat des biens immeubles de la Charité de
leur Paroiſſe, & par les ſieurs Tréſoriers,
Secretaires & Dames Tréſorieres deſdites
deux Compagnies, l'état des Mobiliers
juſques au dernier Decembre 1712, enſemble l'inventaire des meubles & uſten-
ciles de ladite Charité de ſaint Paul, ſon

Eminence après avoir mûrement examiné avec attention toutes les pieces, donna son avis en datte du 6 Avril 1715, qui porte en subſtance ce qui ſuit :

1°. Que les fondations faites avant le jour de l'aſſignation du Decret d'érection de ſainte Marguerite en Paroiſſe, pour l'établiſſement ou entretien des Ecoles de Charité, devoient être partagées par moitié & portions égales, à l'exception des fondations faites ſpecialement & nommément pour des Ecoles de Charité des filles & des garçons dans le Faubourg S. Antoine qui reſteront en entieres à ladite Paroiſſe de ſainte Marguerite ſans entrer en partage.

2°. Que les fondations faites pour les Enfans de Chœur de ſaint Paul, ſoit audit ſaint Paul, ſoit au College de Navarre pour des Bourſes, & celle des Porte-Dais dudit S. Paul, ainſi qu'une autre fondation faite pour fournir de Titres Sacerdotaux à deux Eccléſiaſtiques qui avoient aſſiſtés depuis l'âge de dix-huit ans, & pendant ce tems preſcrit par ladite fondation aux exercices & Conferences des Clercs de S. Paul, devoient demeurer en entier aux ſieurs Curé & Marguilliers de ſaint Paul en cette qualité, ſans entrer en partage.

3°. Que la fondation des 300 livres de rente, faite pour des Confeſſeurs, pour
viſiter

visiter les pauvres Malades qui sont assistés des boüillons de Charité, tant pour la Ville que pour le Faubourg S. Antoine, devoit être partagée par moitié & portions égales entre les deux Paroisses, aussi-bien que les arrérages échûs depuis ledit jour de la signification dudit Décret.

4°. Qu'un legs de 1000 livres qu'une Dame de la Paroisse de S. Paul, morte après la séparation des deux Paroisses, avoit legué par son Testament fait avant ladite séparation pour les pauvres ménages de sa Paroisse, devoit appartenir en entier aux deux Compagnies de Charité de la Paroisse de saint Paul, sans entrer en partage.

5o. Que les sommes provenues de la vente des meubles meublans, & de la vaisselle d'argent de la susdite Dame défunte seroient, après que le legs fait à l'Hôpital-General auroit été prélevé, divisées en trois portions égales, dont l'une seroit pour les pauvres de la Paroisse de saint Paul, l'autre pour les petites Ecoles de ladite Paroisse, & la troisiéme pour les pauvres du Faubourg S. Antoine, & Paroisse sainte Marguerite.

6o. Que pour les trois fondations de lits faites à l'Hôpital des Incurables pour les pauvres de la Paroisse de saint Paul, vacance arrivant desdits lits, le premier pau-

H

rre incurable feroit de la Paroiffe de faint
Paul, le fecond & le troifiéme de celle de
la Paroiffe de fainte Marguerite, le quatriéme de faint Paul, le cinquiéme & le
fixiéme de fainte Marguerite, & ainfi par
la fuite à perpetuité.

7°. Que toutes les autres fondations,
aumônes, diftributions & charités faites
en general à la Paroiffe de faint Paul avant
le jour de la fignification dudit Decret
d'erection, ainfi que la fondation de douze
marmittes, qu'un particulier mort avant
la féparation des deux Paroiffes, a ordonné
par fon Teftament être faite, pour n'avoir
lieu qu'après le décès de fon époufe do-
nataire mutuelle qui étoit encore en vie
lors de la féparation, quand ladite fondation feroit mife en execution, feroit partagée entre les deux Paroiffes, de maniere
que le tiers en demeureroit à la Paroiffe
de faint Paul, & les deux autres tiers feroient donnés à celle de fainte Marguerite.

8°. Que s'il fe découvroit dans la fuite
d'autres fondations faites avant la fignification dudit Décret d'érection, elles feroient partagées de bonne foi de la maniere fuivante, fçavoir par moitié fi c'é-
toit des fondations pour les Ecoles de
Charité, & fi c'étoit des fondations d'aumônes, diftributions & charités, le tiers
en appartiendroit à la Paroiffe de faint

Paul, & les deux autres tiers à celle de sainte Marguerite, à l'exception néanmoins des fondations, tant pour les Ecoles de Charité, que pour aumônes, distributions & charités qui seroient faites nommément & spécialement pour la Ville, ou pour le Faubourg, lesquelles dans ce cas appartiendroient en entier à l'endroit de leur destination.

9°. Que les sommes totales, mobiliaires, qui lors de ladite signification étoient entre les mains du sieur Trésorier - Secretaire & de la Dame Trésoriere desdites deux Compagnies de la Charité de la Paroisse de saint Paul, & l'argent provenant des quêtes & des troncs de sainte Marguerite, seroient partagées de même, sçavoir un tiers pour l'ancienne Paroisse, & les deux autres tiers pour la nouvelle.

10°. Que les remedes, linges, draps, ustencils de cuisine & d'étain, pots d'Apoticaires, lits & vaisselle des Sœurs de la Charité, & autres meubles qui subsistoient lors de ladite signification, selon le Mémoire fourni & certifié veritable par lesdites Sœurs de la Charité, seroient partagés en la maniere suivante; sçavoir ce qui étoit pour l'usage des Sœurs de la Charité, par moitié & portions égales; à l'égard de ce qui servoit à l'usage & soulagement des pauvres, le tiers en demeure roit à la Paroisse de saint Paul, & les deux autres tiers seroient donnés à celle de sainte Marguerite.

Il y avoit encore à saint Paul, au tems de la séparation des deux Paroisses, une Fondation pour vingt répas à vingt Pauvres, par chacun an ; une autre pour habiller cent Pauvres, réduits à cinquante, & une autre pour des Filles à marier, desquelles il n'est point fait mention dans l'avis de M. de Noailles Archevêque de Paris, mais elles se trouvent dans l'énoncé de l'Arrêt de la Cour, que l'on verra ci-après.

Le susdit avis ayant été présenté à la Cour par les Curé & Marguilliers de sainte Marguerite, stipulans pour les Pauvres de leur nouvelle Paroisse, pour en demander l'homologation, les Curé & Marguilliers de saint Paul, stipulans aussi pour les pauvres de leur Paroisse, s'y opposerent, & après plusieurs Mémoires faits de part & d'autre, les Parties furent renvoyées par Arrêt contradictoire du 18 Juillet 1715, au Parquet des Gens du Roy, pour en passer par leur Avis, lequel ayant été donné, après de nouveaux examens, intervint Arrêt en date du 27 Janvier l'année suivante 1716, par lequel faisant droit sur le tout, il fut ordonné, que le legs des meubles & vaisselle d'argent (énoncé en l'article 5, de l'avis de M. l'Archevêque de Paris) fera partagé par tiers ; fçavoir, un tiers à l'Hôpital Général, un autre tiers pour les Ecoles de Charité de la Paroiffe de faint Paul, & l'autre tiers divifé en portions égales ; l'une pour les Pauvres de la Paroiffe de faint Paul, & l'autre pour ceux de la Paroiffe de fainte Marguerite ; ordonne pareillement que les fommes deftinées pour la fondation des vingt répas au profit des vingt Pauvres de la Paroiffe de faint Paul, enfemble le Legs pour habiller cent Pauvres, réduit à cinquante, feront & demeureront aux Curé & Marguilliers de faint Paul, à la charge que des 25 Pauvres, les Marguilliers & Dames de la Charité de faint Paul feront tenus d'en nommer 13 par chacun an de la Paroiffe de fainte Marguerite, & que des 25 Pauvres étant à la nomination des Marguilliers de faint Paul, lefdits Marguilliers de ladite Paroiffe de faint Paul feront tenus d'en nommer 16 par chacun an de la Paroiffe de fainte Marguerite ; ordonne au furplus que l'avis de M. l'Archevêque de Paris, fera & demeurera homologué pour être executé felon fa forme & teneur : déclare le préfent Arrêt commun avec les Commiffaires des Pauvres de la Paroiffe de faint Paul ; ce faifant, ordonne que la nomination

de deux Filles à marier par chacun an,
d'une Fondation (faite en la Paroiſſe de
ſaint Paul) appartiendra en ce qui concerne les Filles qui devront être priſes
(ſuivant l'avis des Gens du Roy) dans
la Paroiſſe de ſainte Marguerite.

C'eſt ici le lieu de faire mention du zéle
qu'un Maître Maçon de Paris a eû pour
ſa paroiſſe de ſainte Marguerite , en faiſant & poſant lui-même à ſes frais & dépens , une Croix de pierre blanche d'une
hauteur aſſés conſiderable dans le Cimetiere de cette paroiſſe , preſque vis-à-vis la
porte de la Chapelle de la Communion
où elle ſe voit ſur un pied de Stale ſoûte-
nue de deux hautes marches en quarré
qui l'environne , & ſur ledit pied de Stale
de cette Croix , eſt gravée l'inſcription
ſuivante , priſe ſur l'original même.

INSCRIPTION.

„ Du Regne de Louis XV. en l'année
„ 1717, cette Croix a été donnée &
„ poſée , par Etienne le Grand , Maître
„ Maçon à Paris.

Les Marguilliers de l'Egliſe ſainte Marguerite ayant fait élever les Edifices
dont nous avons parlé, ceux de la nouvelle Cure pour ſuivre leurs traces , ne s'ap-

pliquerent plus malgré toutes ces procedures, qu'à donner à leur Eglise toute la
forme d'une paroisse ; en effet, en 1721
ils firent réédifier le Presbytere tel qu'on
le voit aujourd'hui, & firent poser une
Inscription en Lettres d'or sur marbre
noir, qui se voit sur la principale porte,
dont voici le contenu, conforme à l'original.

INSCRIPTION.

» L'An 1721.
» Ce Presbytere a été réédifié des de-
» niers de la Fabrique de Sainte Margue-
» rite, Messire Jean-Baptiste Goy étant
» le premier Curé, Messieurs Nicolas
» Dunoyer premier Marguillier, Benoît
» Bourganel, Blaise Dormais, Nicolas
» Gervais, & François Hemart, Mar-
» guilliers en Charge. «

Il est bon de remarquer que depuis le
coin de la porte où est posée l'Inscription
qu'on vient de rapporter, jusqu'au bout
de ce Bâtiment, en sortant à droite par la
porte dudit Presbytere, où il y a Portier,
il paroît par le Testament olographe de
M. Jean-Baptiste Goy, Curé de Sainte
Marguerite, en datte du 26 Novembre
1736, que ce Bâtiment a été construit
aux frais & dépens de M. Goy, & l'a
donné à l'Œuvre & Fabrique de cette Pa-

roiffe, en contre-échange des appartemens que lui & fon Vicaire occupoient,
afin que de ces appartemens il en foit fait
une Bibliotheque publique, & refteront
toujours pour fervir à l'ufage de ladite Bibliotheque, ainfi qu'il eft homologué par
Arrêt du Parlement, dont on verra cy-
après les autres fondations par lui faites
à ladite Paroiffe de Sainte Marguerite.

Les Marguilliers de Sainte Marguerite,
toujours attentifs à orner leur Paroiffe
d'édifices utiles, firent bâtir en 1722 les
Charniers, avec l'Autel qui y eft ; M. le
Cardinal de Noailles leur fit l'honneur
d'en pofer la premiere pierre, ainfi qu'il
fe voit par une Infcription en Lettres
d'or fur marbre noir, qu'ils ont fait pofer
fur le mur du Bâtiment defdits Charniers,
entre deux croifées donnant fur le Cimetiere defdits Charniers, dont voici la copie prife fur l'original.

INSCRIPTION.

» L'An 1722.

» *Du Regne de Louis XV.*

„ Ces Charniers ont été conftruits des
„ deniers provenans des quêtes faites chez
„ tous les Paroiffiens ; S. E. Monfeigneur
„ le Cardinal de Noailles Archevêque de

„ Paris, en a posé la premiere pierre le
„ 28 May de ladite année, Messire Jean-
„ Baptiste Goy, Docteur de Sorbone,
„ étant premier Curé de cette Paroisse, &
„ Messieurs Nicolas Dunoyer premier
„ Marguillier, Nicolas Gervais, Fran-
„ çois Hemart, Pierre Muyron, & Ga-
„ briel Trouvé, Marguilliers en Charge.

Pour revenir à la discussion du Droit contesté de la nomination à la Cure de l'Eglise Paroissiale de Sainte Marguerite, Monseigneur le Cardinal de Noailles, Collateur de la Cure de Sainte Marguerite, obtint en 1723 Commission en Chancellerie le 10 Juillet, en vertu de laquelle il fit donner assignation le 28 du même mois, à Dame Catherine Fayet, veuve de M. Joseph de Monchy Camp-neuf-ville, au nom & qualité d'aînée de la famille de feu M. Louis Fayet *, à l'effet de

* Quoiqu'il ait prétendu être le Patron de l'Eglise de Sainte Marguerite, on ne lui donne cependant pas cette qualité par l'Inscription gravée sur cuivre rouge, qui est sur la bierre de plomb qui renferme son corps, & qui est dans un caveau sous le Chœur de cette nouvelle Eglise, sur laquelle se lit encore aujourd'hui ce qui suit :

INSCRIPTION.

„ Ici est le corps de Messire Louis Fayet, Che-
„ valier, Comte de Serris, Seigneur de Piscop,
„ Conseiller Honoraire en la Grand'Chambre du
„ Parlement, décédé le 7 Avril 1716, âgé de
„ 79 ans & 6 mois,

reprendre l'Instance d'Appel comme d'a-
bus par lui interjetté du Decret de Monseigneur le Cardinal de Noailles, comme
Archevêque de Paris, du premier Decembre 1712, portant érection à perpetuité
de l'Eglise de Sainte Marguerite en Cure,
&c. sur laquelle Commission M. le Cardinal de Noailles, après avoir levé son deffaut à faute de comparoître, le 23 Novembre 1723, obtint le 19 Janvier suivant Arrêt qui déclare le deffaut bien &
dûement obtenu, & pour le profit a tenu
l'Instance d'Appellation comme d'abus
des Decret & Ordonnance du Demandeur du premier Decembre 1712, pour
reprise par la Défaillante, au lieu &
place du Sieur Louis Fayet ; ce faisant, ordonne que les Parties procederont
en la Cour sur ledit Appel comme d'abus ;
& sur les demandes du Demandeur, men-
tionnées esdites Commission & Exploit
des 10 & 28 Juillet 1723, suivant les
derniers erremens, en la manière ordinaire & accoutumée, a condamné &
condamne la Défaillante aux dépens de
l'Instance du deffaut, & de tout ce qui
s'en est ensuivi. Cet Arrêt fut signifié à la
Dame Catherine Fayet, ès noms & qualités
ci-dessus, le 3 Juillet de la même année, par
Etienne de Mortemer, Greffier au Bail-
liage & Vicomté de Neuf-Châtel ; & de-

puis cet Arrêt & sa signification, les Affaires de la Cure de Sainte Marguerite
font restées sans pourfuites, & au même
état, jufqu'au décès de M. Goy Curé de
ladite Eglife, arrivé le 12 Janvier de la
préfente année 1738.

En 1724, M. Goy Curé de cette Eglife,
fit bâtir entierement à fes dépens la grande
Chapelle de la Vierge, qui eft parallele
à celle de la Communion, & les Marguilliers de la même Eglife firent bâtir en
1725, joignant ladite Chapelle de la
Vierge, un grand corps de logis, qui
contient par le bas deux Sacrifties; au
premier un Bureau de l'Œuvre, & au fecond divers logemens. M. Goy leur Curé,
qui étoit paifible poffeffeur, nonobftant
toutes les conteftations ci-deffus détaillées,
& les oppofitions du Chapelain d'aujour-
d'hui, les fecondoit de tout fon pouvoir
dans leurs entreprifes, n'épargnant rien
de tout ce qui pouvoit contribuer à la dé-
cence du Service Divin, & au Salut de fes
Paroiffiens; il avoit commencé en 1737
une nouvelle Eglife *, qu'il eût achevée en

* On auroit fouhaité avoir communication du
dénombrement des gens de qualité, Bourgeois &
Artifans qui ont contribué de leur bien à ce nouvel Edifice, ils auroient trouvé place dans ce Mémoire, & cela auroit fans doute fervi à donner de
l'émulation à d'autres; mais il ne nous a pas été
poffible de l'avoir, parce que cette Lifte, qui eft

peu de tems, si la mort ne l'eut pas enlevé tout-à-coup à ses Paroissiens le 12 Janvier 1738. On voit par les Dispositions de son Testament, l'amour & la tendresse qu'il avoit pour eux, & surtout pour les Pauvres, justifiant par-là le choix & l'éloge qu'en avoit fait feu M. l'Archevêque de Paris, & ses propres Paroissiens dans l'Inscription que nous avons rapportée.

Depuis l'origine de l'Eglise de sainte Marguerite, on n'avoit pas vû d'autre fondation remarquable, sinon, celle du Chapelain de l'Autel sainte Marguerite, fondé dans cette Eglise, par le testament de M. Antoine Fayet dont nous avons déja rendu compte; celle que M. J. B. Goy premier Curé de cette paroisse vient d'y faire par son Testament en date du 26 Novembre 1737, merite bien d'être rapportée ici.

Il a donné sa Bibliotheque à la Fabrique de son Eglise, à condition qu'elle resteroit dans les appartemens où elle est, & qu'elle seroit publique tous les jours pour les Ecclesiastiques de la Paroisse, & tous les Lundis, Mercredis & Vendredis de chaque semaine, pour les personnes

Ecrite en forme de Journal par M. Goy, se trouve renfermée sous les scellés qui ont été apposés sur les effets de ce respectable Pasteur.

studieuses

ſtudieuſes, à qui on prêtera ſur les lieux, les Livres qu'ils demanderont, & que les deux Bibliothequaires ſeront logés dans les appartemens attenans ladite Bibliotheque, comme les ayant acquis l'un & l'autre en contr'échange, d'une maiſon qu'il a donnée à ladite Fabrique.

Il a laiſſé 450 liv. de rente ; ſçavoir, 400 liv. pour être employées tous les ans à acheter des Livres pour l'augmentation de la grande Bibliotheque, & 50 l. auſſi tous les ans pour augmenter celle des Livres de pieté en langue vulgaire, qui ſeront prêtés aux pauvres Paroiſſiens par les Confeſſeurs.

Il a laiſſé 800 liv. chaque année pour deux Eccleſiaſtiques qui feront fonctions de Bibliothequaires chacun leur ſemaine, à condition que la ſemaine qu'ils ne feront pas cette fonction, ils confeſſeront, l'un les Garçons & l'autre les Filles, leſquelles Confeſſions ſe feront les Lundis, Mercredis, & Vendredis après midi, à la charge encore auſdits Confeſſeurs de dire leurs Meſſes Fêtes & Dimanches ſous les Charniers à l'heure que les Enfans d'Ecoles de Charité pourront l'entendre, dans laquelle ils annonceront les Fêtes & jours d'abſtinence, & feront une exhortation à ces enfans. Il a laiſſé un fonds pour payer l'honoraire de leurs Meſſes, qu'ils recevront à la Sacriſtie,

I

M. le Recteur de l'Université, & M.
le Bâtonnier des Avocats sont invités par
son même Testament de se transporter tous
les ans le jour qu'ils conviendront, ou l'un
d'eux en cas d'empêchement de l'autre, pour
prendre connoissance si tout ce qui regarde
la Bibliotheque, est exactement executé ;
il a laissé 75 livres par an, sçavoir à chacun
25 liv. pour leur carosse, & 25 liv. pour un
rafraîchissement qui leur sera présenté le
jour de leur visite dans la Bibliotheque fondée , & s'ils trouvent quelques contraven-
tions ils en donneront avis à M. le Procureur General , & à Messieurs les Avocats
Generaux qui y pourvoiront , & on sera
obligé de s'y soumettre comme à un Arrêt
de la Cour.

Il a laissé 300 livres tous les ans pour
deux Enfans de la Paroisse , qui auroient
de la disposition pour les études , il veut
que les Enfans de Chœur soient préférés ,
& a laissé 150 livres par an pour l'Ecclésiastique qui prendra le soin de leur ap-
prendre le Rudiment du Latin , & à M.
le Curé le soin de choisir l'Ecclésiastique.

Il a encore laissé 600 livres par an pour
l'entretien de deux Maîtres d'Ecoles des
pauvres garçons de la Paroisse.

De plus a laissé 300 livres chaque année
pour servir de Titre à deux pauvres Enfans
de la Paroisse qui auroient de la vocation

à l'état Ecclésiastique, qui seront appli-
quées à d'autres pauvres Enfans de la Paroisse, dès que ceux-ci viendront à posse-
der des bénéfices qui leur serviront de
Titre.

Toutes ces sommes doivent être prises
sur ses rentes de l'Hôtel de Ville, & sur
les Ecoles de Charité de la Paroisse qu'il a
fait ses Legataires universels, à condition qu'ils payeront ces sommes tous les
ans, ainsi qu'il est porté & expliqué plus
au long dans son Testament.

La mort de M. Goy laissant cette
Cure vacante, dans un mois de gradué
& de rigueur, M. Caffarel Professeur de Troisiéme au College de Montai-
gu, Gradué Septenaire, s'en est mis en
possession.

S. A. S. Madame de Bourbon, Abbesse
de Saint Antoine des Champs, qui a déja paru s'opposer à l'enterinement des
Lettres Patentes de l'érection en Cure
de l'Eglise de Sainte Marguerite, s'est
entremise dans cette affaire, & a aussi
nommé à cette Cure M. l'Abbé Mal-
broche, Docteur en Theologie, qui de
sa part en a pareillement pris possession.

On ne prévoit pas en quelle qualité
S. A. S. se prétend saisie du droit de nomination à cette Cure; si c'est comme re-
vêtuë des droits des Fayets (droits fort

caducs, au moins très-litigieux) ou comme Dame du Faubourg. En cette qualité elle ne peut y rien prétendre, parce que le fonds sur lequel est bâtie l'Eglise de Sainte Marguerite, est dans la Seigneurie de Reüilly, qui releve du Temple : c'est pourquoi il paroît plus vrai-semblable que Madame Charlet, veuve de feu M. Charlet Conseiller au Parlement, a cedé les droits que les Fayets croyent avoir, à Madame l'Abbesse, avec le consentement de M. Chassepoux aujourd'hui Chapelain de Sainte Marguerite, qu'elle s'est aussi chargée de maintenir dans ses prétentions.

On assure cependant que Madame Charlet, comme aînée ou derniere des Fayets, n'a cedé à Madame de Bourbon que le droit de nommer à la Cure, & qu'elle s'est reservée pour elle & pour sa famille tous les autres droits honorifiques dans l'Eglise de Sainte Marguerite.

A considerer le contenu au présent Mémoire, on ne trouve rien dans l'Eglise de sainte Marguerite, qui puisse prouver que le sieur Antoine Fayet l'ait bâtie à ses frais & dépens & sur son propre fonds, rien qui lui puisse donner ni à sa famille, le titre de Patron, ni le droit de nomination à la Cure de ladite Eglise de sainte Marguerite, au contraire il semble que par les deux donations de la Terre sur la-

quelle est bâtie cette Eglise, le droit de Patronage devroit appartenir à la Famille des
Vitry, laquelle Famille ne s'est pas encore
déclarée là-dessus jusqu'à présent ; on croit
même qu'elle s'est contentée que ladite E-
glise lui ait donné le caveau ou Chapelle de
saint Roch pour lui servir de sépulture :
dans cette conjecture, sans prétendre porter de préjudice à ceux qui se croiroient
bien fondés sur le droit de Patronage de
ladite Eglise, il semble que la nomination
de la Cure de sainte Marguerite doive appartenir au Curé de saint Paul, conjointement avec les Marguilliers en charge
de sainte Marguerite.

Doit appartenir au Curé de saint Paul,
parce que la terre où est bâtie l'Eglise
sainte Marguerite a été donnée à la Cure
& à ceux qui seront Curés dudit saint
Paul.

*Aux Marguilliers en Charge de l'Eglise
sainte Marguerite*, à cause qu'elle a été bâtie à frais communs des Habitans du Faubourg S. Antoine dont ils sont les Chefs
par leur Charge.

Le Curé de saint Paul, & les Marguilliers de sainte Marguerite paroissent avoir
plus de droit de nommer à ladite Cure,
que la Famille des Fayets.

M. Bourret, Curé de S. Paul, ayant cedé
tant pour lui que pour ses successeurs

Curés, à ladite Eglife de fainte Marguerite tous les droits que ledit Curé avoit fur
elle, & ayant confirmé & approuvé le décret d'érection en Cure, & ne s'étant ré-
fervé pour tous droits que celui d'y aller
en perfonne faire l'Office, & partager
l'honoraire & les Offrandes, le jour de la
Fête de fainte Marguerite, il eft cenfé
que ladite Cure étant vacante, le fonds,
le bâtiment font aux Marguilliers de
fainte Marguerite, par conféquent la nomination à la Cure eft à leur difpofition.

Mais les Marguilliers de *Ste Marguerite*
n'ayant jamais prétendu nommer à cette
Cure, ou du moins n'ayant pas encore
paru dans aucune des Procedures qui fe
font faites depuis 1712, & ne paroiffant
pas dans la circonftance préfente, il y a lieu
de croire qu'ils ont abandonné leur pré-
tention : à l'égard de la Famille des Fayets,
elle n'a d'autre droit que de nommer à la
Chapelle dont on a déja parlé. En cet état
on doit convenir que le droit de nommer
à la Cure de l'Eglife fainte Marguerite,
ne peut appartenir de plein droit & légi-
timement qu'à Monfeigneur l'Archevêque de Paris, parce que de tout tems les
Evêques & Archevêques de Paris qui l'ont
precedé en qualité de Doyen de *S. Maur-
lès-Foffez*, & de Prieur de faint Eloy, ont
toujours nommé à la Cure de faint Paul,

dont le Faubourg S. Antoine & l'Eglise Paroissiale de sainte Marguerite faisoient ci-devant une partie considerable.

En attendant la décision pendante entre les illustres Contendans au sujet des deux Curés ci-dessus nommés, Monseigneur l'Archevêque de Paris a mis M. Legaré Docteur en Théologie de la Faculté de Paris ; & Sous-Pénitencier de Paris ; pour desservir ladite Eglise de Ste Marguerite, où il fait les fonctions Curiales.

M[e]. LESCUYER, Avocat.

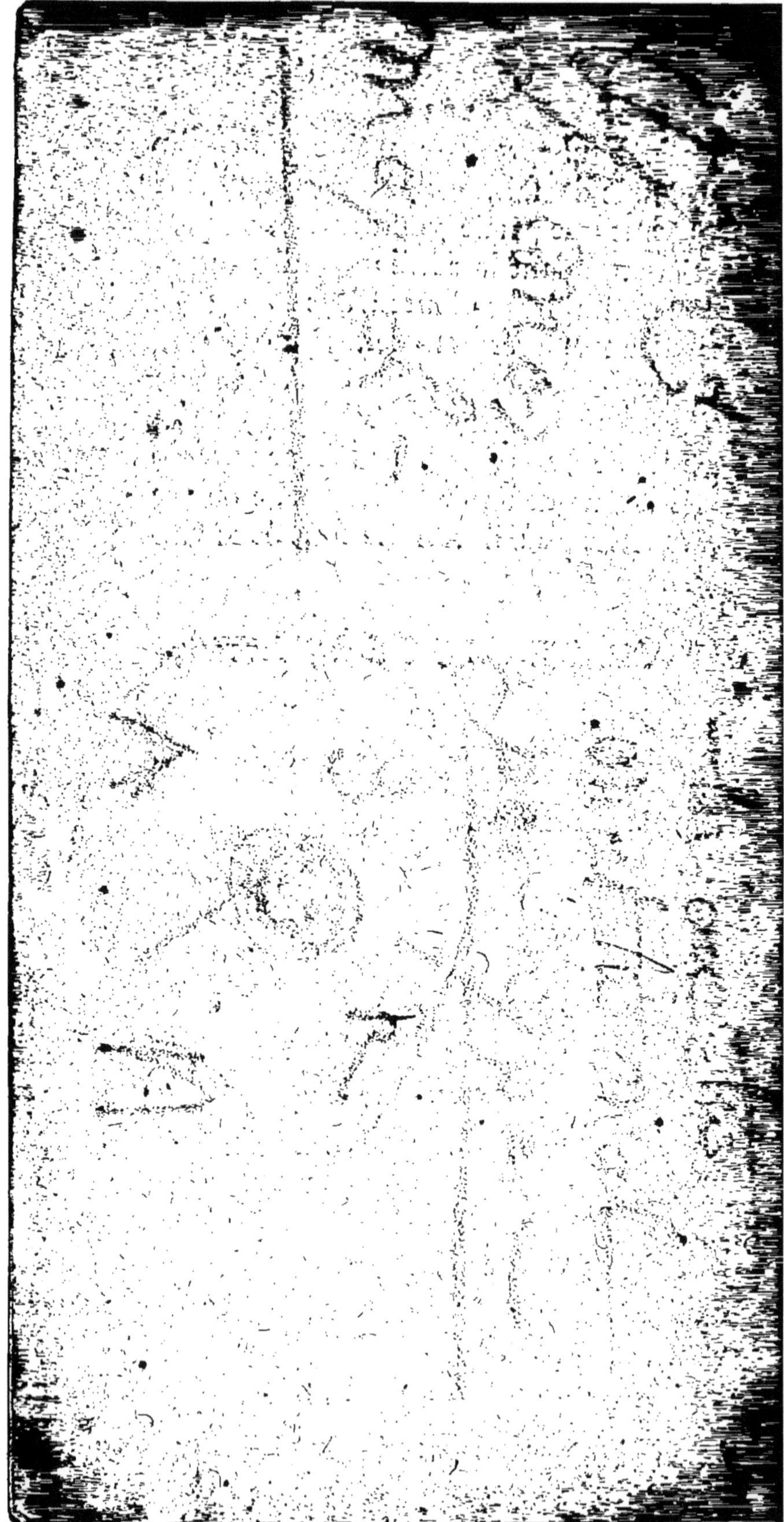

9 782014 445626